Desandar o andado

Desandar o andado
Os subterrâneos dos processos midiáticos

Pedro Gilberto Gomes

Edições Loyola

Dados Internacionais de Catalogação na Publicação (CIP)
(Câmara Brasileira do Livro, SP, Brasil)

Gomes, Pedro Gilberto
   Desandar o andado : os subterrâneos dos processos midiáticos / Pedro Gilberto Gomes. -- São Paulo, SP : Edições Loyola, 2022. -- (Estudos & tendências)

   ISBN 978-65-5504-176-7

   1. Antropologia 2. Comunicação de massa - Aspectos religiosos - Igreja Católica 3. Comunicação de massa - Aspectos sociais 4. Comunicação - História 5. Mídia - Aspectos sociais I. Título. II. Série.

22-109922   CDD-302.23

Índices para catálogo sistemático:
1. Midiatização : Comunicação social : Sociologia
   302.23
Eliete Marques da Silva - Bibliotecária - CRB-8/9380

Capa: Viviane Bueno
   Ilustração de © pickup | Adobe Stock.
Diagramação: José Luiz Dias
Revisão: Renato Deitos

A revisão do texto desta obra é de total responsabilidade de seu autor.

Edições Loyola Jesuítas
Rua 1822 n° 341 – Ipiranga
04216-000 São Paulo, SP
T 55 11 3385 8500/8501, 2063 4275
editorial@loyola.com.br
vendas@loyola.com.br
www.loyola.com.br

Todos os direitos reservados. Nenhuma parte desta obra pode ser reproduzida ou transmitida por qualquer forma e/ou quaisquer meios (eletrônico ou mecânico, incluindo fotocópia e gravação) ou arquivada em qualquer sistema ou banco de dados sem permissão escrita da Editora.

ISBN 978-65-5504-176-7

© EDIÇÕES LOYOLA, São Paulo, Brasil, 2022

103312

É necessário desandar o andado, desfazer o feito e desviver o vivido.

Antônio Vieira, *Sermão da Primeira Oitava da Páscoa na Capela Real, ano 1647, nº VIII*

Agradecimento

Agradeço ao grande amigo Carlos Alberto Gianotti, um dos mais conceituados editores universitários do Brasil, pela paciente e competente leitura crítica dos originais deste livro.

Sua contribuição foi importante para a qualidade do texto final.

Sumário

Prefácio 11
Para além do fenômeno, o que é a midiatização?
Jairo Ferreira

Apresentação 19

Introdução 25
   Preliminar histórica 25
   Uma consideração pessoal 26

1. Processos midiáticos e construção de novas
   religiosidades 29
   Como se desenvolveu? 32
   No Brasil 35
   Breve análise 37

2. A comunicação como problema para
   o campo religioso 41
   Recuperar o trajeto 45
   Igrejas Cristãs analisadas 53
   Comentário 63

3. O processo de midiatização da sociedade
   e sua incidência na relação mídia e religião 71

4. Plurivocidade do conceito de midiatização 75
   O significado de midiatização em culturas distintas .. 75
   Sobre a etimologia da palavra midiatização 77
   Teilhard de Chardin 79
   Marshall McLuhan 84
   Edgar Morin e a complexidade 91

Midiatização e processos sociais segundo
alguns pesquisadores 96
O grupo de pesquisadores midiáticos argentino 112
Pesquisas midiáticas no ambiente europeu 116
O processo comunicacional e o pensamento sistêmico 121

**5. Midiatização, sociedade e sentido:
os temas transversais 127**

Temas transversais 129
Circulação 130
Processo interacional de referência 132
Dispositivos 133
Imagens-totens 134
Ambiência 136
Midiatização no processo de mudança 136
A midiatização e sua relação com a história 139
Midiatização e sociedade 141
Midiatização e interação social 143
A midiatização: política e poder 146
Midiatização relacionada com a arte e a cultura popular 150
A midiatização no âmbito desportivo 153
Midiatização: religião e ciência 154
Midiatização e a existência social 157
Comentário 160

**6. Epigenética dos processos midiáticos (ou a porção
submersa do *iceberg* da midiatização) 163**

7. O horizonte futuro da pesquisa 175

Referências 179

Índice 185

Prefácio

Para além do fenômeno, o que é a midiatização?

Jairo Ferreira[1]

Esta obra, *Desandar o andado – Nos subterrâneos dos processos midiáticos*, do professor e pesquisador da UNISINOS, padre Pedro Gilberto Gomes, S. J., traz uma vigorosa sistematização de suas investigações, desenvolvidas neste século de profundas mutações nos processos midiáticos. É uma contribuição diferenciada para a linhagem de pesquisa midiatização e processos sociais, em especial nas interlocuções que desenvolvemos com vários núcleos no Brasil e no mundo, além de ser obra importante, inclusive por seu didatismo, aos processos formativos e orientativos em seu âmbito.

  O autor tem um lugar privilegiado para realizar a reflexão a que se propõe. Primeiro, porque formado em doutorado na USP e vinculado às experimentações sociais sobre a comunicação crítica, em diálogo com a UCBC e pesquisadores da área com tradição em torno dessa questão, Pedro Gilberto Gomes acompanhou a transição aos estudos referenciados nas teorias das mediações, com as quais, especialmente a partir de Barbero, a área buscou a superação dos dilemas entre as escolas administrativas e funcionalistas, de um lado, e as teorias críticas, de outro. É também do autor a proposta de que o PPG onde desenvolve suas investigações adotasse os processos midiáticos como foco de investigação, trazendo, para a Instituição, uma geração de pesquisadores em interlocução, não só para a linha de pesquisa em que está. Em terceiro lugar,

---

1 Graduado em jornalismo e ciências econômicas pela UFRGS, instituição pela qual é mestre em sociologia e doutor em informática na educação. Professor titular do PPG em Ciências da Comunicação da Unisinos.

porque, nos estudos dos processos midiáticos, é também fundador da linhagem de pesquisa Midiatização e Processos Sociais – juntamente com José Luiz Braga, Antônio Fausto Neto e comigo, e, nesta década, também com a professora Ana Paula da Rosa –, isso tudo nos vinte anos de pesquisa que relata e sobre a qual reflete.

Na obra, observa-se que os deslocamentos relatados resultam não apenas das transformações epistemológicas do campo da comunicação neste período, mas, ao mesmo tempo, do próprio pesquisador, no desenvolvimento de suas pesquisas teóricas e empíricas – onde hipóteses e questões são construídas no âmbito de suas descobertas, especialmente em suas reflexões sobre as relações entre comunicação, processos midiáticos e instituições religiosas – realizadas a partir de farta documentação por ele pesquisada. Há, desse momento, dois enunciados que demarcam bem, em nossa percepção, o percurso: a) a comunicação midiática não era, para as Igrejas Cristãs, um tema que demandava reflexões problematizadoras, mas ações estratégicas de uso dos meios; b) "Depois de cada processo de estudo, as perguntas eram ainda maiores que as respostas encontradas".

O primeiro enunciado nos informa uma complexidade. Sendo de uma instituição religiosa – a Igreja Católica –, o pesquisador se enfrenta com o seu vínculo orgânico não só com essa que é também uma organização social (e, por essa via, com o conjunto das experiências das Igrejas Cristãs – incluindo as derivadas da Reforma até as atuais neopentecostais). Essa relação entre vínculo orgânico e reflexão em pesquisa nos convida a pensar algo transversal na área da comunicação: como, sendo pesquisadores do social, fazer para ir além do lugar de porta-voz da sociedade sobre a qual pretendemos refletir? O pesquisador Pedro Gilberto Gomes evidencia uma solução complexa e produtiva, marcada pelo exercício dos cortes epistemológicos sucessivos como interposição na análise de documentos e materiais investigados nas experimentações sociais das Igrejas Cristãs. Isso lhe permite descobrir diferenciações sobre essas experimentações – não é o mesmo que ocorre na Igreja Católica, entre os luteranos e as vertentes atuais das instituições cristãs. Essas diferenciações são relacionadas também aos fundamentos – exemplo: o texto como referência (luteranos) ou a tradição (católicos). Em suas inferências sobre cada experimentação, o pesquisador evidencia como as organizações e instituições, a partir de suas referências históricas, sofrem mutações que podem ser relacionadas aos processos midiáticos. Isto é, mesmo que o escopo da pesquisa, em seu histórico, se refira ao tema religião e comunicação, suas conclusões podem ser produtivas para outros processos em que instituições e organizações se transformam pelos usos dos meios, mesmo que façam isso em sentido estratégico. Ou seja, o uso estratégico vai além do que é imaginado pelos atores e instituições que o promovem. Algo surge além – incluindo religiões que emergem e que podem ser analisadas em pesquisa. Ou seja, por analogia, o uso estratégico transforma as organizações e instituições que o promovem.

No segundo enunciado ("Depois de cada processo de estudo, as perguntas eram ainda maiores que as respostas encontradas"), o autor apresenta outro grande paradoxo da pesquisa. Pesquisa-se para conhecer, mas conhecer – a busca de respostas – é superado pela ampliação dos questionamentos. Indica-nos que a pesquisa resulta, portanto, no inverso do que se busca, pois os "achados" passam a ficar envoltos em um halo de "perdidos" (os termos são seus).

Este duplo processo, em seus inevitáveis dilemas epistemológicos, teve, entretanto, uma carta de navegação, dinâmica e ao mesmo tempo indicativa: as perspectivas da midiatização. Essas epistemologias são apresentadas em seus diálogos com a linha de pesquisa em que é um dos fundadores. Em suas formulações, o que aí converge como leitura dos processos midiáticos na perspectiva da midiatização pode ser sintetizado em alguns pontos: é um processo social; não "é sinônimo de uso de tecnologias"; é um fenômeno em mutação, o que demanda sempre novas hipóteses e questões; não nega a importância dos estudos sobre os meios, mas é necessário ir além disso. Essa carta de ancoragem, mesmo sendo móvel, dá unidade à obra e é alimentada pela formação em filosofia do autor.

A partir do Capítulo 4 ("Plurivocidade do conceito de midiatização"), Pedro Gilberto Gomes nos oferece os resultados de outra competência que marca o seu percurso como pesquisador: a capacidade de sistematizador de perspectivas teóricas, o que aparece em sua produção bibliográfica e são situadas na área como teorias da comunicação. Essa competência, no livro, se manifesta na sistematização, muito rica, dos usos do conceito de midiatização, localizando alguns embates ainda em curso, na forma de debates ou obras da área da comunicação, no Brasil e em redes de pesquisa planetárias, quando essas discutem a perspectiva da midiatização.

Evidencia, nessa sistematização, descentramento, indicações críticas sem descartar alternativas, realizando um aporte que contribuirá na configuração de interfaces nas investigações em midiatização – hoje "plurívocos", assim como ocorre no espaço poético. Transitando da etimologia da palavra até interfaces próprias (Teilhard de Chardin, Marshall McLuhan, Edgar Morin), aproxima-se de seus pares de linha de pesquisa, pesquisadores e formandos em doutorado e mestrado, com seus artigos, teses e dissertações. Essa sistematização continua no Capítulo 5 ("Midiatização, sociedade e sentido"), em busca de conceitos transversais, lapidados dentro do grupo de pesquisa em que é líder e participante (Circulação; Processo interacional de referência; Dispositivos; Imagens-totens; Ambiência), e fora desse grupo, garimpado em pesquisa bibliográfica vasta (Processo de mudança; Relação com a História; A midiatização e sociedade; Interação social; Política e poder; Arte e cultura popular; Âmbito desportivo; Religião e ciência; Existência social).

O livro se encaminha, então, para o atual momento de sua pesquisa (com suas hipóteses e perguntas), nos Capítulos 6 e 7. No 6, intitulado "Epigenética dos processos midiáticos (ou a porção submersa do *iceberg* da midiatização)", Pedro Gilberto Gomes apresenta sua nova formulação teórica. Isso foi indicado já na apresentação:

> Em outras palavras, na discussão dos temas transversais, como veremos no Capítulo 5, percebeu-se que havia algo mais do que poderia sugerir a simples constatação superficial dos temas. Um novo problema estava aflorando pela necessidade de se buscar esse algo mais profundo dos processos midiáticos. Isto é, o que muda e o que permanece no desenvolvimento dos processos midiáticos hoje na sociedade?
>
> Foi esse questionamento que nos levou a apelar para a epigenética, comum no campo da biologia, dos processos midiáticos. "A epigenética engloba as propriedades, um 'código sob o código', isto é, um 'metalogiciel' biológico que transforma o papel da genética clássica atuando no conjunto dos processos que resultam em mudanças na expressão genética sem alterar a sequência do DNA (ou código genético)."
>
> Na análise e transposição para a realidade da sociedade, o gene transforma-se em meme, logo, epigenética em epimimética. Hipótese é que, para compreender com mais precisão uma sociedade

em midiatização, é imperioso trabalhar na explicitação dos códigos escondidos dos processos midiáticos. É fundamental que se desvele a parte oculta do *iceberg midiático*.

Permanecer na superfície, descrevendo e analisando a manifestação rasa, não fornece os elementos basilares do *iceberg*. O pesquisador, à moda de um mergulhador, joga-se na água para garimpar os elementos que permitam semantizar corretamente a epifania do *iceberg midiático*.

Segundo Joël de Rosnay, "os mecanismos de base epigenética, permitindo agir sobre a complexidade do nosso corpo, podem ser transpostos para a complexidade da sociedade na qual vivemos e trabalhamos. Com efeito, o DNA societal constitui-se de genes virtuais, os quais chamamos de memes, genes culturais transmitidos por mimetismo graças aos meios de comunicação, aos comportamentos coletivos e à utilização de utensílios numéricos interativos".

Desse modo, levando em consideração a transposição do gene ao meme, da genética à mimética, a epigenética como uma ciência subjacente à genética, é possível chamar de epimimética, uma ciência subjacente à mimética, cuja função seria estudar a transmissão dos memes na sociedade.

A longa citação é essencial para compreendermos a proposta, sem os perigos de uma tradução incompleta. Repetimos a passagem que nos parece essencial à compreensão sobre o uso do conceito proposto na área da comunicação:

o DNA societal constitui-se de genes virtuais, os quais chamamos de memes, genes culturais transmitidos por mimetismo graças aos meios de comunicação, aos comportamentos coletivos e à utilização de utensílios numéricos interativos.

A formulação, que estabelece uma analogia em processos sociais e de comunicação, já tem antecedentes na área da comunicação. Thomas Sebeok, em *O signo de três*[2], em sua introdução, se refere a isso ("estudo de Butler (1070:94), que, na história intelectual do Ocidente, o pensamento numerológico foi utilizado com fins filosóficos, cosmológicos e

---

2 ECO, U.; SEBEOK, T. A. (orgs.) *O signo de três*. São Paulo: Perspectiva, 1983.

teológicos mais amplos" – obra citada, página 3). No caso, focados na compreensão das matrizes triádicas de Peirce, discorrem sobre esses construtos que transitam da busca de inteligibilidade da natureza (em especial, os octoides presentes na teoria dos quarks), em analogia, entre outros sistemas, com o vocálico turco (de Lotz). Na página 6 dessa obra, ainda na introdução, apresentam um diagrama sobre o "código cósmico – Física quântica como linguagem da natureza".

Outra busca que pode ser aproximada é de Blanché[3], em que sugere que a espécie compartilha lógicas na construção de seus objetos, tensionando assim as teorias das mediações (para as quais as diferenciações de lógicas são derivadas de contextos econômicos, culturais e políticos). Já a analogia entre natureza e sociedade é uma relação essencial na formulação de Jean Piaget[4], quando propõe um isomorfismo entre processos da natureza e da espécie (desdobrando-se, inclusive, nas formas de processos adaptativos da natureza e da espécie), correlacionando epigenética e mutações da natureza. Essa última perspectiva está presente na proposta do autor, pois não se trata apenas de reprodução dos códigos, mas de questionar que códigos estão sendo construídos, validando ou invalidando as heranças genéticas.

Trata-se, portanto, de uma hipótese que tem fundamentos em teorias filosóficas, semióticas e psicoantropológicas. Esse enfoque é especialmente importante no momento em que as mediações algorítmicas evidenciam lógicas sociais garimpadas e materializadas em meios. Mas não fica aí a formulação de Pedro Gilberto Gomes. Como suas proposições vão além dos meios, sugere que os fenômenos derivados dos processos midiáticos só ganham inteligibilidade na descoberta dos códigos dos códigos. Referenciado em Rosnay, afirma que:

---

3 BLANCHE, R. *Les structures intellectuelles*. Paris: Libraire Philosophique J. Urin, 1969.
4 PIAGET, J. *Biologia e conhecimento:* ensaio sobre as relações entre as regulações orgânicas e os processos cognoscitivos. 3. ed. Petrópolis, RJ: Vozes, 2000.

um código é constituído por textos legais e regras que permitem a regulação das atividades e das funções, quer se trate dos humanos, das máquinas ou computadores[5]. Esses códigos exercem um papel importante no funcionamento da vida em sociedade, com os objetivos iguais de regulação e controle.

Com essa formulação, dá uma nova visada a sua proposta de ambiência. Por um lado, esta ganha uma nova fundamentação em uma cosmologia que adota a pesquisa como referência: relações analógicas entre matéria e energia no cosmo, com neurônios e sinapses, afeto e cognição; entre redes mentais, materiais e redes sociais. Por outro lado, a sua dimensão microgenética está nos códigos. Este é o caminho, conforme a hipótese apresentada no livro, para a compreensão dos processos midiáticos, na perspectiva da midiatização, que vá além das abordagens temáticas e pontuais de investigação. Mas como dar conta de imenso desafio situado pela teorização? Pedro Gilberto Gomes não se propõe a realizar isso de forma apenas especulativa. Seus encaminhamentos sugerem a análise – numa perspectiva fenomenológica – a partir de processos e suas materialidades situadas na ambiência da midiatização.

Uma proposta ousada que, certamente, ganhará espaço nos debates na linhagem de pesquisa que se situa desde os pares locais até os internacionais, passando pelos processos formativos e interlocuções avaliativas.

Boa leitura.

---

[5] ROSNAY, Joël de. *Je cherche à comprendre:* Les codes cachés de la nature. LLL Les Liens qui Libèrent, 2016, p. 11.

Apresentação

A comunicação social, antes mesmo de serem criados os cursos de graduação na área, sempre foi objeto de pesquisa. Inicialmente, a motivação teria sido compreender a necessidade inescapável de comunicação característica dos seres humanos. Depois, a motivação veio da curiosidade ou, do receio com relação ao desenvolvimento dos meios de massa, ou para a Igreja Católica Romana, meios de comunicação social.

Essa segunda alternativa ganhou relevância mais tarde, a partir da Segunda Guerra Mundial, quando Goebbels, o famoso mentor dos processos de comunicações do ideário hitleriano, fez intenso uso do rádio para a propaganda nazista. Os Aliados, mesmo depois de vencedores, seguiram a desenvolver pesquisas para encontrar a melhor maneira de fazer frente ao poder do rádio. Essa posição, nos EUA, destacou-se com o famoso episódio do programa radiofônico *A Guerra dos Mundos*, produzido e apresentado por Orson Welles. As diversas correntes de análise, muitas contraditórias, foram devedoras dessa "posição de poder" dos meios de comunicação.

Tanto o funcionalismo norte-americano como a Teoria Crítica da Escola de Frankfurt dedicaram-se à fenomenologia dos meios de comunicação. De um lado, para mostrar que a sociedade poderia defender-se das ações dos meios, relativizando sua força de persuasão com respeito às ideias que transmitiam. De outro, para mostrar o poder manipulador das mensagens transmitidas pelos meios. A sociedade, diziam, está indefesa frente à proposta de um imperialismo cultural.

Esse embate foi acirrado na América Latina, principalmente depois da década de 1960, com o desenvolvimento da Teoria da Dependência. Nas Escolas de Comunicação, os alunos eram confrontados com uma análise dos meios desde o ponto de vista dos postulados da Teoria Crítica que, em muitas ocasiões, os colocava numa situação esquizofrênica. Aprendiam a criticar o poder manipulador dos grandes meios, mas seu desejo efetivo era neles trabalhar profissionalmente.

Jesús Martín-Barbero, em sua obra *De los medios a la mediación* (1987), trouxe uma perspectiva distinta a essa questão, introduzindo o conceito de *Mediação*. Ao mesmo tempo em que valorizava o conteúdo, mostrava como as pessoas relativizavam o poder dos meios utilizando-se de diversas mediações. Ligava os meios e sua relação com as pessoas e com a cultura, demonstrando que o povo desenvolvia novos modos de narrar.

Essa perspectiva tornou-se importante na pesquisa acadêmica brasileira quando o livro de Barbero foi traduzido para o português (1997). O referencial teórico desenvolvido pelo pesquisador hispano-colombiano começou a ser utilizado largamente em textos, dissertações e teses sobre comunicação.

Entretanto, enquanto os meios evoluíam celeremente do ponto de vista tecnológico, os objetos de pesquisa tinham dificuldades em assumir essa realidade. Ao que parece, todos os trabalhos ficaram na superfície, não havia uma maior preocupação com o processo, mas com o conteúdo. Muito embora tenha acontecido um deslocamento do polo do emissor para o polo do receptor, os pesquisadores tinham certa dificuldade em investigar o processo de comunicação. Por outro lado, a realidade dos processos midiáticos ainda não chamava a atenção daqueles que se preocupavam em estudar a comunicação. Noutras palavras, o singular (representado pelos meios enquanto dispositivos tecnológicos) impunha-se de tal maneira que obnubilava a visão da complexidade dos processos midiáticos.

Por paradoxal que seja, quando as Igrejas Cristãs começaram a investir maciçamente no uso dos meios de comunicação como instrumento para potencializar a realização de sua missão, os pesquisadores da área viram-se de frente com algo que impunha fortemente a sua presença: a realidade dos processos midiáticos. A descrição de como as Igrejas estavam se apropriando dos meios, do tipo de conteúdo difundido e das implicações ideológicas que isso representava, deixava a sensação de que faltava alguma coisa. A totalidade do fenômeno era maior do que a soma de suas partes. Não bastava examinar o modo como as Igrejas Cristãs se relacionavam com os meios, mesmo em tempos de IoT (Internet das Coisas) e Internet 4.0. Depois de cada processo de estudo, as perguntas eram ainda maiores que as respostas encontradas.

Um conjunto de interrogações trazia o problema do entendimento que as Igrejas Cristãs possuíam da comunicação social. Ao utilizar de forma maciça os meios de comunicação, essas Igrejas teorizavam sobre a comunicação? Ou será que, para elas, os instrumentos de comunicação eram simplesmente meios para a difusão da mensagem que tencionavam transmitir ao mundo? Para elas, a comunicação não era um objeto que merecesse maiores discussões. Ao contrário, eram dados de realidade, um aperfeiçoamento tecnológico, que dispensava reflexão, visto serem dispositivos tecnológicos a serviço de uma missão. Eles não eram problema, mas solução.

A consequência dessa situação foi gerar a pergunta sobre a maneira como o processo de midiatização estaria interferindo na relação entre a mídia e a religião. Na trajetória de pesquisa, começava a aflorar algo que transcendia a questão tecnológica dos meios ou instrumentos de comunicação. Vinha à luz a percepção de que, na sociedade, se desenvolvia um processo social mais amplo: os processos midiáticos. Começou a emergir a certeza de que o problema não era como as Igrejas usavam os meios de comunicação, mas que religião estava nascendo a partir deles. Para dar conta desses processos, fazia-se mister ir além da relação mídia e religião, pois essa era apenas o sintoma do que, *grosso modo*, estava acontecendo na sociedade nos inícios do terceiro milênio.

Foi aí que iniciou a vertente que cunharia, modernamente, o termo midiatização. Em várias partes do mundo os autores falavam em *mediatização*. No Brasil, principalmente no Sul, fazia-se analogia ao termo *mídia* e aflorava a questão da *midiatização*. Num primeiro momento, a expressão dominante era *sociedade midiatizada*. Depois, considerando que havia um processo, afirmou-se o conceito de *sociedade em midiatização*. Midiatização se apresentava como um conceito plurívoco, admitindo várias leituras e vozes. Os diversos trabalhos, teses e dissertações faziam dele usos diferenciados.

Começava a surgir o conceito de ambiência, que era essencial para se compreender o processo de sociedade em midiatização. Sua perspectiva inscreve-se no âmbito da complexidade. Frente a uma sociedade extremamente fracionada, para a qual se busca uma explicação taxonômica (uma classificação para o fracionamento), afirma-se agora uma realidade complexa, quase unificada. Estamos sendo desafiados a decifrar o enigma comunicacional a partir da aplicação dos princípios do pensamento complexo. A midiatização, considerada do prisma de uma ambiência, converte-se numa chave hermenêutica para a compreensão social. Na esteira dessa posição, surge com força a realidade de outros temas que permitem ao pesquisador equacionar o trinômio: midiatização, sociedade e sentido. Há uma relação dialética de base entre os três pontos do trinômio. A sociedade, como relações humanas e sociais, situa-se numa ambiência que a identifica como uma sociedade em midiatização e lhe confere sentido. Pois uma abordagem que procure compreender a realidade de uma sociedade em vias de midiatização deve, necessariamente, abordá-la a partir de realidades tangíveis, acessíveis via estudos dos meios individuais, mas superados em sua singularidade por outros conceitos que materializam, empiricamente, a midiatização na sociedade atual. Será a visão da transcendentalidade que permitirá ir além da visão cartesiana da realidade. A fragmentação excessiva poderá ser superada pela agregação de diferenciados temas para discussão do fenômeno.

No caminho seguido até esse ponto foram sendo esquecidos pelo pesquisador aspectos imprescindíveis para a compreensão de uma sociedade em midiatização que, ao aparecer, assemelha-se a um *iceberg*: é apenas uma ponta, pequena fração do submerso, que se vê. Mesmo tendo considerado atentamente todos os elementos envolvidos no processo, nota-se que ainda resta algo a ser desvelado. No caso da sociedade, o sentido não é dado pelo que transparece, mas pelo oculto, fazendo surgir uma realidade não prevista nem desejada.

Em outras palavras, na discussão dos temas transversais, como veremos no Capítulo 5, percebeu-se que havia algo mais do que poderia sugerir a simples constatação superficial dos temas. Um novo problema estava aflorando pela necessidade de se buscar esse algo mais profundo dos processos midiáticos. Isto é, o que muda e o que permanece no desenvolvimento dos processos midiáticos hoje na sociedade?

Foi esse questionamento que nos levou a apelar para a epigenética, comum no campo da biologia, dos processos midiáticos. A epigenética engloba as propriedades, um "código sob o código", isto é, um "metalogiciel" biológico que transforma o papel da genética clássica atuando no conjunto dos processos que resultam em mudanças na expressão genética sem alterar a sequência do DNA (ou código genético).

Na análise e na transposição para a realidade da sociedade, o gene transforma-se em meme, logo, epigenética em epimimética. A hipótese é que, para compreender com mais precisão uma sociedade em midiatização, é imperioso trabalhar na explicitação dos códigos escondidos dos processos midiáticos. É fundamental que se desvele a parte oculta do *iceberg midiático*.

Permanecer na superfície, descrevendo e analisando a manifestação rasa, não fornece os elementos basilares do *iceberg*. O pesquisador, à moda de um mergulhador, joga-se na água para garimpar os elementos que permitam semantizar corretamente a epifania do *iceberg midiático*.

Aristóteles, na obra sobre a poética, dizia que a retórica se compunha de três elementos: locutor, discurso e ouvinte. A intenção do primeiro era, por meio da palavra, convencer o segundo, mudando o seu comportamento. Ao longo da história esse trinômio foi sendo aperfeiçoado com a adição de outros elementos, buscando precisar melhor o processo de comunicação.

Pesquisadores dos EUA desempenharam um papel preponderante nessa empreitada. Entretanto, buscaram inspiração no campo da engenharia da informação, trazendo para a comunicação humana elementos mecânicos para compreendê-la. Duas variáveis devem ser consideradas. De um lado, sobre o processo de comunicação incide a dimensão humana, imprevisível e não programável. As ciências humanas não seguem as leis claras das ciências exatas. De outro lado, os processos midiáticos – que, sublinhe-se, também dizem respeito aos dispositivos tecnológicos – também não seguem as leis das ciências exatas. Nas relações que se estabelecem (locutor – discurso – ouvinte) há uma mútua interferência e ambos os polos se modificam no processo de circulação da mensagem.

É esse processo que será desenvolvido na presente obra.

Introdução

Preliminar histórica

O Brasil possui uma tradição de mais de quarenta anos de pesquisa em comunicação. O desenvolvimento dos estudos esteve sempre vinculado aos centros de pesquisa das instituições de educação superior, com destaque para a Universidade de São Paulo, com a Escola de Comunicações e Artes, e para o Centro de Pós-Graduação do então Instituto Metodista de Ensino Superior, hoje Universidade Metodista de São Paulo, em São Bernardo do Campo.

Resgatando a trajetória histórica da pesquisa brasileira em comunicação, José Marques de Melo (1943-2018) a coloca como devedora da latino-americana. O Brasil passou pelas mesmas fases experimentadas pelos demais países latino-americanos. Os estudos, preliminarmente, centraram-se na perspectiva histórica e jurídica, estendendo-se até a década de 1930. As décadas de 1940-1950 encontram os estudos na dimensão mercadológica. Foram assumidas, em seguida, as perspectivas comparacionista e difusionista da primeira metade da década de 1960.

O Brasil navegou na onda do deslumbramento com a novidade tecnológica e sofreu a síndrome apocalíptica influenciada pelos postulados da Escola de Frankfurt. A partir da segunda metade da década de 1970, buscou-se a legitimidade acadêmica com a assunção de referenciais teóricos advindos da Sociologia, Psicologia, Antropologia, História e Linguística.

Quando o País retomou a redemocratização política, aconteceu a politização dos estudos de comunicação[1].

---

1 Cf. MARQUES DE MELO, José. "Panorama Brasileiro da Pesquisa em Comunicação." In: *Comunicação: Direito à Informação*. Campinas: Papirus, 1986, p. 111-117. 142. Idem, p. 117.

Uma consideração pessoal

Corria o ano de 2001 quando iniciei o projeto de pesquisa "Processos midiáticos e construção de novas religiosidades" – que buscava pesquisar a apropriação do campo midiático, ou seja, as diferentes mídias, pelo campo religioso, isto é, as diferentes confissões religiosas. O projeto se desenvolveu em três dimensões: as históricas, as discursivas e as dos atores sociais. A primeira foi coordenada por mim e contou com a colaboração de três bolsistas de Iniciação Científica (PIBIC, FAPERGS e UNIIBIC); a segunda, pelo Dr. Antônio Fausto Neto; e a terceira, pelo Dr. Attilio Ignácio Hartmann.

Nas dimensões históricas, o objetivo era identificar, no desenvolvimento histórico epocal da relação mídia e religião, com as constantes motivacionais e históricas que embasariam conceitos indispensáveis à interpretação do fenômeno no Brasil.

O trabalho teve seguimento em 2004[2], quando se analisou a relação entre a mídia e a religião, objetivando constatar como as religiões se relacionavam com a comunicação. Percebeu-se, então, que as religiões não estavam preocupadas com a mídia como objeto de reflexão, mas que apenas havia (e ainda há) o interesse pela sofisticação tecnológica das mídias como elemento capaz de aumentar o alcance do anúncio de suas mensagens religiosas. Assim, simplesmente elas entravam acriticamente no mundo dos meios de comunicação. Era a assunção superficial de dispositivos de última geração das tecnologias midiáticas.

Esse resultado ensejou o passo posterior, em 2007[3]. Já que as Igrejas Cristãs não estavam refletindo sobre a mídia, uma vez que ela era solução e não problema, a atenção voltou-se para a incidência do processo de midiatização sobre elas. Esse trabalho trouxe à discussão o conceito de *midiatização*. O Programa de Pós-Graduação em Ciências da Comunicação da Universidade do Vale do Rio dos Sinos, UNISINOS, minha instituição, havia começado a trabalhar, desde 2006, o conceito de midiatização, que passou a ser objeto de estudo de maneira mais sistemática.

---

2 Foi realizada a pesquisa sobre a comunicação como problemática para o campo religioso.
3 O processo de midiatização da sociedade e sua incidência na relação mídia e religião.

A consequência dessa discussão levou ao estudo pormenorizado tanto do objeto de análise como da metodologia, em 2010[4]. Foi um período fértil, no qual se repassaram temas significativos do passado. As leituras estenderam-se desde Platão a pensadores dos nossos dias, na perspectiva da complexidade.

Foi esse o processo que conduziu ao trabalho, de 2013[5], pelo qual se constatou que a midiatização é conceito que admite várias interpretações, não é conceito unívoco, tampouco equívoco, mas plurívoco.

Cada reflexão, junto com os objetivos alcançados, levava a alguns temas – chamei de *perdidos* – que permitiram avançar no trabalho.

Em síntese, posso anotar o seguinte: o primeiro trabalho buscou as raízes históricas da relação mídia e religião. Ao final, percebeu-se que se deveria estudar como as religiões tematizavam as comunicações: *a comunicação como problema para o campo das religiões*[6].

Foi nesse momento que apareceu o tema da midiatização que deu origem ao estudo da sua fenomenologia. Este demonstrou que havia uma natureza plurívoca no conceito, novo olhar sobre o assunto[7].

---

[4] Isso foi feito com a pesquisa "Buscando o objeto para encontrar a metodologia (ou a fenomenologia da midiatização)".
[5] Plurivocidade do conceito de midiatização.
[6] Dessas duas pesquisas brotou um livro: GOMES, Pedro Gilberto. *Da Igreja Eletrônica à sociedade em midiatização*. São Paulo: Paulinas, 2010.
[7] Esses dois movimentos de pesquisa deram origem a outro livro: FAXINA, Elson; GOMES, Pedro Gilberto. *Midiatização. Um novo modo de ser e viver em sociedade*. São Paulo: Paulinas, 2016.

1. Processos midiáticos e construção de novas religiosidades[1]

Aqui pretendo descrever os passos da pesquisa sobre as raízes históricas da relação das religiões com a mídia eletrônica, de modo especial com a televisão. Para isso, fez-se necessário mergulhar nos primórdios do contato dos pastores e sacerdotes com o rádio e a televisão nos EUA, estudando o surgimento dos chamados televangelistas para identificar as constantes históricas e motivacionais que impeliram os agentes do campo religioso de passar a fazer uso das mídias. As Igrejas Cristãs, no desenvolvimento de sua missão, sempre utilizaram os recursos comunicacionais existentes na sua época.

Nesse particular, a Igreja Católica é paradigma na apropriação dos recursos de comunicação. Começou no passado mais remoto com as bibliotecas de mosteiros e conventos, onde religiosos dedicavam-se a copiar livros e distribuí-los às demais bibliotecas. Esse processo é considerado o responsável pela transmissão e a conservação da cultura ocidental cristã. Nos momentos mais críticos da história do Ocidente, com as invasões bárbaras, com as quedas, primeiro do Império Romano do Ocidente e, depois, do Império Romano do Oriente, os registros da história da cultura cristã mantiveram-se graças aos acervos das bibliotecas dos mosteiros e conventos.

A invenção dos tipos móveis por Gutenberg, no século XV, veio de certa forma limitar significativamente o domínio da Igreja Católica no que respeita a possibilitar acesso ao acervo cultural do Ocidente, guardado e multiplicado nas suas bibliotecas. A publicação de livros em escala maior, com portabilidade e em língua vernácula, veio quebrar o

---

[1] Este capítulo é uma síntese do que foi publicado no livro: GOMES, Pedro Gilberto. *Da Igreja Eletrônica à sociedade em midiatização*. São Paulo: Paulinas, 2010, p. 33-85. A obra está esgotada e a editora devolveu os direitos ao autor.

monopólio da Igreja Católica e do latim na literatura. Houve o desenvolvimento das línguas nacionais e a estruturações dos Estados Nacionais na Europa. Com isso, aconteceu também o rompimento do domínio político da Igreja Católica sobre os Estados Soberanos. O fenômeno ganhou difusão no mundo contemporâneo, principalmente no Ocidente.

Nas últimas décadas, vem chamando a atenção de estudiosos, tanto da mídia como da religião, a apropriação de campos midiáticos pelo espaço religioso. Isto é, o campo religioso utilizando-se dos espaços midiáticos como instância de divulgação e atualização da fé professada.

A consequência mais imediata tem sido o deslocamento do espaço tradicional, acanhado e restrito dos templos, para um campo aberto e multidimensional. Mais ainda, a ação religiosa direta, pessoal e presencial, no templo foi sendo substituída pelo uso das mídias modernas que se dirige a um público anônimo, heterogêneo e disperso. Desse modo, as táticas dos pregadores, sua oratória e performance deixaram-se impregnar pelos padrões da comunicação de massa, principalmente do rádio e da televisão.

As mudanças operadas têm sido desde então de duas ordens: do ministro do culto e seus acólitos, de um lado, e dos fiéis, de outro. No caso dos ofícios presenciais nos templos, o conteúdo da mensagem é acompanhado da postura corporal, dos gestos, dos cânticos, e até de danças. Portanto, a emoção, no templo, toma o lugar da razão. No caso dos ofícios exclusivamente transmitidos por rádio ou TV, sem presença física dos fiéis, estes deixam de ser os atores do evento religioso para se tornarem assistentes. Passa-se da praça à plateia, para utilizar um conceito de Maria Cristina Mata[2]. A comunidade de fé sai de cena, dando lugar ao conjunto de telespectadores ou radiouvintes. A construção de comunidades de fé é substituída pela criação de grupos de assistentes. Da comunidade, passa-se ao indivíduo; da experiência comunitária, vai-se ao consumo individual de bens religiosos. Hoje, nota-se a composição dos dois modelos: a transmissão midiática de cultos em templos repletos de fiéis.

O deslocamento identificado parece ter a sua explicação, em primeiro lugar, no desencanto moderno com as formas tradicionais das

---

2 Tema desenvolvido por Maria Cristina Mata no Curso de Educação para a Comunicação, Buenos Aires, La Crujía, em 1993. Seu trabalho: *Entre la plaza y la platea*.

Igrejas Históricas. Os cultos e ações das igrejas, cada vez mais, perdem espaço no coração do homem contemporâneo. Assim, criaram-se formas de chegar até esse homem. Se as pessoas não vêm ao templo, o templo vai até elas. Entretanto, esse movimento de deslocar-se do centro para as margens, via processos midiáticos, exige que se façam concessões aos padrões de comportamento ditados pelos meios de comunicação, tanto no que diz respeito ao formato das mensagens como no que se refere ao do consumo de bens culturais religiosos.

A segunda explicação está na tentativa de superar a antiga dicotomia entre massas e minorias, também aplicável às Igrejas Cristãs. Uma compreensão mais politizada da fé admitia que a vivência religiosa somente seria autêntica em pequenos grupos, num encontro pessoal com Deus, vivenciado comunitariamente. Expressão mais lídima disso são as comunidades eclesiais de base, postuladoras da teologia da libertação.

Com a crise desse paradigma, diversas Igrejas (as pentecostais primeiro, depois as históricas) voltaram-se para um público de massa. Necessitava-se mover multidões, transformar os templos, então, no final de milênio, num grande palco para que Jesus Cristo pudesse reinar *urbe et orbe*. No caso, muito mais importante que a adesão do coração é a participação pela emoção. Aos poucos, as celebrações passam a ser transmitidas pela TV.

Entretanto, como o consumo é individual e solitário, a pessoa deve dar mostras de que está ligada, engajada. A expressão do compromisso dá-se por meio de dízimos, no templo, e da compra dos livros e objetos anunciados, inclusive para que o programa possa se manter no ar.

Uma nova Igreja é criada, universal e virtual. Os templos podem ser os próprios lares; os púlpitos são os aparelhos de televisão; a pertença ao grupo se expressa pelo dízimo ou pelo consumo. Somente é fiel dessa Igreja aquele que possui capacidade de consumir alguns dos produtos por ela vendidos. Repete-se, no campo religioso, o que Canclini[3] apontava para o campo social e político: a divisão entre consumidores e cidadãos.

Em tudo isso, o mais importante é o espetáculo. O culto perde o mistério do sagrado para assimilar a transparência da mídia, em que

---

3 CANCLINI, Néstor García. *Consumidores e cidadãos*. Rio de Janeiro: Ed. UFRJ, 1996.

a imagem é tudo. Replica-se, nas Igrejas, as práticas da sociedade do espetáculo. A participação acontece na imagem, isto é, assiste-se a um espetáculo, deixando de lado a participação ativa na comunidade. Não existem maiores exigências, a não ser a participação pelo consumo dos bens oferecidos. Os bens religiosos são oferecidos em casa, *à la carte*.

O que se analisa hoje é: a configuração atual da Igreja Cristã Eletrônica encontrava-se já, em gérmen, lá no início da relação das religiões com a mídia eletrônica? Para responder à questão, faz-se necessária uma volta às origens, uma revisão histórica; quer dizer, o acompanhamento do processo histórico, que configurou a relação das Igrejas com a mídia eletrônica, é imprescindível para a compreensão da situação atual.

Como se desenvolveu?

A utilização dos meios de comunicação pelas Igrejas Cristãs configura um processo sociocultural importante. Estudar o desenvolvimento histórico experimentado pelo uso que as Igrejas fizeram e fazem dos meios de comunicação, bem como da justificação que oferecem para seu envolvimento com esses meios, faz com que se contemple uma realidade fundamental no mundo contemporâneo. Olhando para trás, visualizemos os inícios da relação das Igrejas com a mídia eletrônica.

Os primórdios da relação entre religião e mídia são apontados por William E. Biernatzki[4], ao considerar que se iniciou na Inglaterra e nos EUA. No primeiro caso, diz que os passos iniciais foram dados, na BBC, pelo Rev. J. A. Mayo, reitor anglicano de Whitechapel, no Natal de 1922. Pouco depois, John Reith, primeiro diretor-geral do British Broadcasting Corporation, convidou as denominações cristãs para participar da formulação da política religiosa da BBC. Em maio de 1923, o Comitê de Domingo foi estabelecido, com representantes da Igreja da Inglaterra – maior dentre as denominações protestantes – e da Católica Romana para aconselhar a BBC e provê-la de pregadores dominicais. Três anos mais tarde, em 1926, o comitê tornou-se o Comitê Consultivo Religioso Central.

---

4 BIERNATZKI, William E. Boletim *Communication Research Trends*, v. 11 [1991], n. 1.

Nos EUA, a radiodifusão religiosa começou quase dois anos mais cedo que na Inglaterra, quando o serviço vespertino da Igreja Episcopal do Calvário, em Pittsburgh, foi transmitido pela primeira estação comercial da América, a KDKA. Essa foi também a primeira transmissão externa realizada por uma emissora comercial. Em 1922, foi estabelecida a primeira estação religiosa exclusiva, em Chicago, chamada WJBT – Where Jesus Blesses Thousands.

Ainda segundo o levantamento de Biernatzki, os países líderes, nos inícios do rádio, em termos de receptores, até 1930, foram os EUA, a Alemanha e o Reino Unido. Ainda na Europa, França, Itália, Holanda e Dinamarca também possuíam altas proporções de receptores para as suas populações. Mas, afora esses, a tecnologia não se desenvolveu tão rapidamente.

O autor diz que, numa avaliação, pode-se afirmar com boa justificativa que os primórdios da história da radiodifusão religiosa em geral, e do uso evangélico do meio em particular, centrou-se nos EUA. Por um longo período, o evangelismo no rádio e na TV permaneceu um fenômeno norte-americano, embora variações do mesmo tema tenham começado a aparecer em diferentes partes do mundo. Algumas compreensões do evangelismo norte-americano e tendências fundamentalistas na religião por essa razão são necessárias para o entendimento do presente fenômeno do televangelismo[5]. William G. McLoughlin[6] traça o que Biernatzki chama de *Pegadas na serragem*: o renascimento na América (*The Sawdust Trail. Revivalism in America*). Diz que a religião foi o maior fator na conformação dos EUA. A atmosfera geral foi calvinista, temperada pelo anglicanismo e, mais tarde, pelo entusiasmo reformista do metodismo wesleyano.

Para ele, o "primeiro grande despertar" passou impetuosamente pelas colônias norte-americanas de 1730 a 1760; o segundo, logo após a independência norte-americana, de 1800 a 1830; e o terceiro, por volta de 1890, se estendeu até a era do evangelismo eletrônico, em 1920. Este último foi um período confuso, de industrialização, mudanças sociais, agitação política, guerras e expansão para além-mar.

---
5 Cf. BIERNATZKI, op. cit., p. 2-5.
6 MCLOUGHLIN, William G. *Revivals, Awakenings and Reforms*. Chicago/London: University of Chicago Press, 1978.

O televangelismo toma corpo e se desenvolve. Jeffrey K. Hadden e Charles E. Swann[7] destacam o seu caráter. As principais linhas da pregação televangelista foram estruturadas ao longo da história do renascimento norte-americano e do fundamentalismo, anteriormente descrito. Organizacionalmente, a rapidez do renascentista para se adaptar às novas possibilidades tecnológicas reflete zelo dos circuitos fronteiriços que exerceram esforços extenuantes para organizar espaços de encontro no deserto. A rapidez com que a televisão foi mobilizada para a pregação foi impressionante, mas, provavelmente, não excedeu a velocidade com a qual os renascentistas de uma geração anterior fizeram uso do rádio. A primeira rádio comercial começou a operar em 1920, e em janeiro de 1925, 63 de 600 estações em operação nos EUA disseram pertencer a Igrejas Cristãs, ou a outros grupos religiosos.

Dois foram os precursores modernos do televangelismo: o bispo Fulton J. Sheen e Billy Graham. No campo católico, o bispo Sheen foi considerado o precursor de maior sucesso dos evangelistas de televisão. Seu carisma especial o projetou como um religioso da mídia. Entretanto, se houve um "quarto despertar", como deseja McLoughlin, a figura central não foi Fulton Sheen, mas Billy Graham. Como Sheen, Billy Graham começou sua carreira na mídia eletrônica no rádio, com sua *Hora da Decisão*, em 1950, passando mais tarde para a televisão.

Entretanto, chamar Graham de televangelista pode ser problemático, pois, a despeito de sua intensa utilização da televisão para expandir a sua obra, ele ainda trabalhava melhor frente a audiências presenciais. Muitos de seus programas de televisão foram gravações de edições de suas aparições públicas.

Outro autor que resenha a atuação das religiões na mídia eletrônica é William Fore[8], que apresenta cinco gerações. A primeira é representada por Graham. A segunda, marcando uma mudança na técnica e no estilo, tem Oral Roberts como paradigma. A terceira geração, nos anos 1960, é representada por Rex Humbard, que organiza uma Igreja especialmente para a televisão. Com *Clube 700*, Pat Robertson marca o estilo da quarta

---

7 HADDEN, Jeffrey K.; SWANN, Charles E. *Prime-Time Preachers: The Rising Power of Televangelism*. Reading, MA: Addison-Wesley, 1981.
8 FORE, William. *Television and Religions: The Shaping of Faith, Values and Culture*. Minneapolis: Augsburg, 1987.

geração. Robertson também é uma figura proeminente na quinta geração identificada por Fore, a qual envolve o estabelecimento de uma rede de televisão denominada de CNB (Christian Broadcasting Network).

A resenha realizada deixa entrever que as Igrejas se voltaram para os meios de comunicação eletrônicos como uma forma de ampliar o espaço e o alcance de suas pregações. O importante seria atingir o maior número de ouvintes e telespectadores.

Uma análise mais específica, do ponto de vista histórico, carece do lado protestante. Entretanto, o trabalho de Reinaldo Brose[9] insinua claramente, desde o título, que a preocupação é com o uso dos meios.

No setor católico, as posições eclesiais sempre estiveram mais sedimentadas e claras. É possível vislumbrar três posições distintas, antagônicas que coexistem até hoje. São elas: ênfase no conteúdo, ênfase no resultado e ênfase no processo. Nelas, encontram-se as bases que justificam as atuais opções da Igreja Católica na comunicação social.

A posição da Igreja Católica sobre o uso das mídias sofreu modificações ao longo dos anos[10]. Ao mesmo tempo, as manifestações eclesiais sempre estiveram ligadas a uma preocupação pastoral. Muito embora a Igreja Católica tenha se manifestado desde os primórdios da imprensa, a preocupação eclesial tornou-se mais aguda com o advento dos meios eletrônicos, já no final do século XIX e albores do século XX.

No Brasil

Aqueles programas televisivos acima mencionados vieram para o Brasil. Pat Robertson, Rex Humbard, Billy Graham, Oral Roberts, entre outros, tiveram seus programas transmitidos pela televisão brasileira. Com o tempo, eles foram sistematicamente substituídos por pregadores nacionais, tanto no rádio como na televisão. No primeiro caso, o mais famoso foi o pastor Davi Miranda, com seus programas transmitidos por emissoras de rádio em todo o Brasil. Chefe da Igreja Evangélica *Deus*

---

9 BROSE, Reinaldo. *Cristãos usando os meios de comunicação – tele-homilética*. São Paulo: Paulinas, 1980.
10 Para a evolução do pensamento da Igreja Católica sobre o assunto pode-se ver: SOARES, Ismar de Oliveira. *Do Santo Ofício à Libertação*. São Paulo: Paulinas, 1988.

é *Amor*, Miranda adquiriu emissoras e comprou espaços em outras de norte a sul do País. Mais tarde, já na década de 1980, expandiu suas pregações para outros países latino-americanos.

Mais recentemente, na TV, o mais conhecido é o bispo Edir Macedo, fundador da Igreja Universal do Reino de Deus, que montou um império, com base na Rede Record de Televisão e na Rede Família. Também exportou suas ideias para outros países da América Latina, para Portugal e a África.

O reverendo R. R. Soares separa-se de seu cunhado, Edir Macedo, e inicia a sua caminhada individual, fundando a Igreja Internacional da Graça e entrando no campo da TV. Compra espaço na TV Bandeirantes, no horário nobre, e planeja criar a sua própria rede de televisão.

A Igreja Católica, por seu turno, conta com uma longa tradição no uso da imprensa e do rádio (neste último, possui hoje quase duzentas emissoras, entre AM e FM). Depois de algumas experiências tradicionais em televisão, como TV Difusora, em Porto Alegre, e TV Pato Branco, no Paraná, direcionou-se à montagem de uma rede de televisão para combater o império pentecostal. Desse modo, deu apoio ao desenvolvimento da Rede Vida de Televisão, de S. José do Rio Preto, Diocese de Botucatu.

Mas, antes disso, os católicos, no marco do movimento de Renovação Carismática Católica, haviam iniciado incursões na televisão com a Associação do Senhor Jesus. Com um número considerável de associados, essa organização começou a produzir o Programa *Anunciamos Jesus* e a veiculá-lo em diversas emissoras de televisão por todo o Brasil. Com o desenvolvimento de suas ações, a Associação do Senhor montou um imenso estúdio e instalações de televisão na região de Campinas, que conta com o canal Século XXI, com retransmissoras, via satélite e no cabo.

Outro grupo de cariz pentecostal, ligado à Renovação Carismática Católica, é o Movimento Canção Nova, de Cachoeira Paulista, São Paulo. Com emissoras de rádio AM, FM e OM, o movimento montou a Televisão Canção Nova, também via satélite. A característica dessas duas últimas associações é a de se manterem com a contribuição de seus associados (a Canção Nova faz questão de afirmar que não possui comerciais) e com a venda de seus produtos, como discos, livros, imagens, vídeos etc.

O que chama a atenção é o fato de a Igreja Católica dar mostras de estar abandonando seu legado de mais de 2 mil anos não pelo fato de entrar com grandes redes de televisão, pois já possuía tradição no uso desse meio, mas por reproduzir a forma e o conteúdo dos grupos pentecostais: existem atores sociais que desempenham uma função semelhante a pastores pentecostais.

Breve análise

A análise das experiências norte-americanas dos televangelistas permite-nos perceber uma constante fundacional importante. Os caminhos que levaram esses pregadores a se dedicarem ao apostolado midiático guardam uma semelhança. Na sua maioria, foram homens que, num determinado momento, tiveram uma experiência religiosa que mudou radicalmente o rumo de suas existências. Como consequência, resolveram dedicar-se à pregação missionária. No decorrer do apostolado, descobriram a importância da mídia eletrônica como suporte da pregação. Da compra de espaço na mídia para a montagem de sua própria emissora de televisão foi um átimo. Ao longo período de ascensão desses televangelistas norte-americanos seguiu-se o da decadência.

Em linhas gerais, o percurso dos televangelistas brasileiros deu-se de forma similar, com exceção no que tange à decadência[11], pois ainda estão na fase do desenvolvimento de seu trabalho apostólico midiático. Entretanto, os que estão saindo da fase de compra de espaços nos meios para a de aquisição de suas próprias emissoras já experimentam as agruras financeiras decorrentes de manter uma programação televisiva constante.

No que diz respeito às constantes de motivação, os televangelistas foram movidos pelo desejo de ampliar as audiências para o anúncio do Reino de Deus pelo qual se sentiam chamados. Para a maioria deles, nos EUA, a utilização da mídia eletrônica foi uma atualização das antigas tendas, dos pregadores ambulantes, que buscavam reacender a chama da pátria, da família e dos valores morais numa sociedade que, de tempos em tempos, vivia períodos de decadência. Daí o desencadeamento do que os analistas chamam de "o grande despertar", isto é, os períodos

---

11 O episódio da Igreja Universal do Reino de Deus em Moçambique e a separação do bispo panceiro da Igreja podem estar indicando algo de decadência.

de reavivamento religioso. No caso, a apropriação do espaço midiático pelos agentes religiosos foi uma assunção de modernos meios para potencializar o anúncio do Evangelho. As mesmas motivações animaram e animam os televangelistas brasileiros, não importando a denominação religiosa a que pertençam.

Quando o pesquisador focaliza com mais acuidade tais motivações, encontra elementos que permitem inferir uma concepção de comunicação e uma visão dos meios de comunicação que embasam a relação da mídia com a religião. Os televangelistas da primeira hora, tal como aqueles que antes enveredaram pelo mundo do rádio, não estavam preocupados com a mídia como processo. Tampouco questionavam sobre uma possível interferência desses processos sobre a mensagem que transmitiam ou sobre o processo religioso que desencadeavam. Para eles, os meios de comunicação não constituíam um problema, mas representavam uma solução, pois facilitava, ampliava e cativava o público-alvo de suas pregações.

Muito embora a atuação dos televangelistas brasileiros estivesse profundamente marcada pelo paradigma desenvolvido nos EUA, a igreja eletrônica sofreu uma inculturação – bem entendida fé cristã – ao ambiente em que se a quer difundir, no caso, o Brasil. Hoje, principalmente no campo pentecostal, o modelo adquiriu uma face brasileira e, como tal, é exportada para os demais países latino-americanos e até para os EUA.

Entre os pontos que mereceram destaque e se sedimentaram ao longo do mergulho histórico realizado está a questão levantada por Stewart Hoover: que religião emerge da mídia? Recuperemos, agora, algumas de suas ideias[12]. Hoover propõe uma mudança no estudo da relação mídia e religião ao afirmar que o estudado não deveria ser apenas "qual o *status* da religião na mídia?", mas "qual é a religião que emerge na mídia?". Essa proposta parece realmente fazer sentido, e por isso toma corpo, à medida que são analisadas as manifestações religiosas contemporâneas. Os meios de comunicação, principalmente os de massa como a televisão, não podem mais ser vistos dentro daqueles velhos paradigmas, em que a mídia era tão só um instrumento de transmissão

---

12 Cf. HOOVER, Stuart; CLARK, Lynn Schofield (orgs.). *Practicing Religion in the Age of the Media*. New York: Columbia University Press, 1999.

de mensagens. A esfera midiática possui um valor muito maior na sociedade atual, principalmente na ocidental. Ela é também um *espaço de construção de identidades e espaço de configuração de comunidades*.

Partindo desses princípios, o pesquisador norte-americano chama a atenção para o surgimento de uma "religião transicional" – termo que tem como autor o sociólogo Wade Clark Roof –, que mesclaria as esferas midiática e religiosa, numa condição de complementação: os espaços tradicionais de busca simbólica – como a Igreja e a família – são agora preenchidos por símbolos derivados da mídia. Nesse novo tipo de religião apontada por Hoover, a prática religiosa tradicional, ou seja, a assiduidade aos encontros ou aos cultos das denominações tradicionais perde espaço, e em seu lugar aparecem os programas religiosos transmitidos pelo rádio e pela televisão. Esse enfraquecimento das denominações tradicionais é apontado pelo autor como um importante fenômeno de crescimento do individualismo nas questões relativas à fé. Confirma a sua consideração sobre a maneira individualista de ser religioso ao afirmar: "Essa nova forma de religiosidade à qual me refiro é uma forma de 'fazer' religião e não 'pertencer' a uma".

O aspecto histórico dessa individualização da fé parece estar ligado ao movimento pietista[13] surgido no século XVII. O pietismo acentuava a interiorização da fé, uma vida íntima com Deus. Numa idade marcada pela racionalidade, pelo pragmatismo, esse movimento propunha uma "subjetivação" da fé – fugindo da doutrina reta, acentuou a presença e o batismo no Espírito Santo. As instituições então estabelecidas, como a Igreja Católica e a Protestante, e suas verdades eram questionadas. "A igreja é, então, uma associação de pessoas regeneradas ou renovadas. Com isso foi estimulada a tendência ao separatismo e à formação de conventículos. Essa religiosidade transicional", em que as práticas dos grupos neopentecostais e de Renovação Carismática se encaixariam, parece ser muito influenciada por essa piedade dos séculos XVII e seguintes.

---

13 Sobre esse movimento, ver a posição de Martin Dreher em *O que é o fundamentalismo*. São Leopoldo: Editora UNISINOS, 2002.

2. A comunicação como problema para o campo religioso[1]

Entretanto, não só de achados compõem-se os resultados da pesquisa. Aqui encontramos uma série de perdidos[2] que foram deixados para o seguimento e o aprofundamento em pesquisas nos próximos anos.

Nessa linha, um problema permanecia desafiando os pensadores da área: como o campo religioso se relacionava teoricamente com a comunicação. O que estava a descoberto era a comunicação como problemática para o campo religioso, ou como o campo religioso lidava com a questão da comunicação como uma dimensão estratégica para o funcionamento de sua prática.

Para responder a tais indagações, dever-se-ia realizar um mapeamento das matrizes teóricas que subjazem na produção do campo religioso quando pensava a questão comunicacional como um "elemento" de suas práticas e proceder a uma análise dos documentos ditos "canônicos", "clássicos", nos quais as Igrejas Cristãs refletem sobre a comunicação e sua importância para suas missões, visando a recuperar os aspectos teóricos de fundo que foram os fundamentos destas reflexões. O objetivo principal do estudo, nessa perspectiva, seria ver quais são as percepções subjacentes, como modelos, escolas teóricas e conceitos estratégicos, ao discurso e à prática das Igrejas Cristãs na comunicação.

Torna-se substantivo trabalhar a evolução do conceito de comunicação nos setores que definem as políticas de comunicação dessas Igrejas.

Uma pergunta se impõe: no agir cotidiano das Igrejas Cristãs, como se dá o debate entre as correntes que defendem uma igreja midia-

---
1 Síntese do livro *Da Igreja Eletrônica*..., 89-155. Veja supra, nota 7.
2 Conforme expressão de Fabrício Silveira em sua tese de doutoramento no PPG de Ciências da Comunicação na UNISINOS, sobre as situacionalidades televisivas.

tizada, via protocolos do espetáculo, daquelas outras, fiéis às dimensões dos conteúdos e dos próprios rituais de comunicação interna, portanto, sem as contaminações pelas práticas midiáticas?

Foi necessário estudar a evolução do conceito de comunicação segundo a perspectiva das construções do campo religioso. Nesse caso, o objeto de análise constituiu-se pelos documentos "oficiais", históricos, das Igrejas Cristãs. Exemplos desses são as encíclicas papais da Igreja Católica e os documentos que recolhem os resultados dos diversos encontros mundiais, continentais e nacionais das diversas confissões religiosas cristãs.

O que estaria em jogo, fundamentalmente, seria a relação estabelecida pelas Igrejas Cristãs com a comunicação. Quando nos propusemos a estudar a comunicação como problemática para o campo religioso, estávamos levantando a hipótese de que ela não era vista como conjunto de problemas, mas como sua solução. O importante não seriam os meios, mas a transmissão da mensagem. Desse modo, não importava o lado ideológico em que se situavam os observadores, pesquisadores ou agentes de pastoral das Igrejas Cristãs. Os chamados progressistas, situados à esquerda em suas confissões cristãs, não questionavam o uso dos meios, nem a adesão à mídia eletrônica. Suas críticas dirigiam-se à forma como os meios eram utilizados. Por sua vez, os mais conservadores, que utilizavam largamente os meios de comunicação, de igual modo com eles não se preocupavam. O importante é a mensagem a ser anunciada. Estavam convencidos de que não poderiam cumprir o mandato do Senhor Jesus nos dias de hoje se não utilizassem os modernos meios de comunicação social.

Aqui, como ficou demonstrado ao longo do trabalho, o dispositivo comunicacional era tomado como instrumento e/ou suporte, devidamente naturalizado, e não como um desafio conceitual que hoje enfrentam as práticas midiatizadas dos diferentes campos sociais. A naturalização aparece quando os meios de comunicação são tomados como instrumentos naturais, fruto do engenho humano, que possibilitarão a difusão planetária da mensagem cristã. Em nenhum momento brotava o questionamento sobre o processo específico de cada um deles nem sobre a possibilidade de que a mensagem pudesse vir a ser modificada em função das leis que regem os processos midiáticos na sociedade.

Nesse sentido, a percepção de Hoover – que religião emerge da mídia – não entrava no horizonte de preocupações dos agentes religiosos que se apropriavam dos espaços midiáticos. Não existia um discurso sobre a própria prática midiática. Os homens das Igrejas careciam de um metadiscurso que os levaria a objetivar sua prática e a analisá-la de maneira coerente, questionando seus pressupostos e consequências.

A ausência dessa reflexão fez com que os televangelistas, de certa forma, se tornassem reféns dos processos midiáticos, e sua ação tivesse consequências não previstas por eles. Parafraseando São Paulo, não construíam a Igreja que desejavam, mas o individualismo que condenavam.

Além disso, em muitas Igrejas Históricas (principalmente a Católica, a Luterana e a Metodista) notava-se flagrante defasagem entre os documentos produzidos pela hierarquia e pelos teólogos e a atuação de seus agentes de pastoral na mídia eletrônica. Com respeito ao uso da televisão, essas Igrejas estavam em desvantagem com respeito às Igrejas Pentecostais modernas. Como elas já nasceram sob o signo da mídia eletrônica, navegavam com tranquilidade nesse mar. Ao mesmo tempo, como não possuem maiores compromissos históricos (o que caracteriza as chamadas Igrejas Históricas), podem dar-se ao luxo de adaptar a sua Confissão à lógica da mídia e seus processos. Muitas das ações realizadas por essas Igrejas estão interditadas para as chamadas Históricas, tanto pela tradição destas como por seus fiéis e a opinião pública.

No que tange à similitude entre todos os grupos religiosos que se dedicam ao trabalho com a mídia eletrônica, vale lembrar que mesmo aquelas Igrejas Históricas que, tradicionalmente, possuíam, e ainda possuem, emissoras de rádio e televisão veem o uso dos meios como um potencializador da evangelização. Todavia, notava-se um descompasso entre a qualidade técnica dos programas ditos seculares dessas emissoras e aqueles explicitamente evangelizadores. A impressão que ficava ao pesquisador era que tais profissionais "esqueciam" tudo o que sabiam sobre a linguagem da mídia quando lhes tocava produzir um programa religioso.

Para perceber esta defasagem e identificar suas causas, importava analisar os documentos, suas matrizes e constructos teóricos, confrontando-os com as práticas eleitas como objeto da pesquisa. As entrevistas e observações realizadas permitiram a compreensão de fundo daquela hipótese.

Esses pontos exigiram a realização de um mapeamento histórico das experiências e das reflexões sobre esses temas realizadas pelas Igrejas Cristãs, explorando-se as defasagens entre a teoria e a prática das Igrejas no que se refere ao uso dos meios de comunicação social. Portanto, envolveria uma pesquisa em documentos relacionada com a análise de algumas experiências concretas.

A reflexão levada a cabo obrigou-nos a colocar o problema no âmbito das teorias da comunicação subjacentes à prática e aos documentos das Igrejas.

Com a indagação sobre os processos midiáticos e a construção de novas religiosidades, mergulhamos na problemática da assunção do espaço midiático pelo campo religioso. A questão essencial de como as Igrejas se relacionam, pensam e concebem os meios de comunicação ainda permanece desafiando os pesquisadores.

O mergulho realizado nas origens do televangelismo demonstrou que a motivação primeira da utilização dos meios eletrônicos pelos agentes religiosos encontrava-se na obediência bíblica de anunciar a Boa Nova a todos os povos. Fiéis a isso, pastores e demais agentes apropriaram-se da mídia para, mediante os protocolos comunicacionais, desempenhar uma missão religiosa. Como já foi dito, a visão que esses agentes possuíam dos meios inscrevia-se no marco de um aparato instrumental. Por isso, o trabalho carecia de questionamentos quanto à possível interferência do aparato tecnológico na compreensão e na identidade da comunidade eclesial.

Desse modo, o presente texto irá mostrar o resultado da pesquisa realizada no período de 1 de março de 2004 a 28 de fevereiro de 2007, que centrou seu foco na comunicação como problemática para o campo religioso[3].

Este capítulo está organizado de modo a oferecer ao leitor uma visão ampla do processo desenvolvido ao longo da pesquisa. Num primeiro momento, apresenta o projeto propriamente dito, com suas hipóteses, incertezas e interrogações.

---

3 Desenvolvido dentro do Programa de Pós-Graduação em Ciências da Comunicação da Universidade do Vale do Rio dos Sinos, sob o amparo da linha de Pesquisa *Mídia e Processos Socioculturais* e financiado pelo CNPq, contou, ao longo do tempo, com o concurso de cinco bolsistas de Iniciação Científica. Tais bolsistas receberam apoio das seguintes fontes: CNPq, FAPERGS e UNISINOS (bolsa UNIIBIC).

Em seguida, retomam-se as principais matrizes teóricas da comunicação à época trabalhadas, que serviram de apoio à análise da prática comunicacional das Igrejas.

Em terceiro lugar, são trazidas as Igrejas escolhidas para o estudo, os motivos da escolha, bem como uma breve caracterização de cada uma.

Em quarto lugar, vem o relato sobre a busca de textos sobre a comunicação que tais Igrejas produziram. Quando não houve essa produção, é apresentada a hipótese que a explicaria.

Em quinto lugar, apresenta-se a do pesquisador sobre a visão de comunicação, a partir das matrizes teóricas, que cada Igreja expressa e que embasa o seu agir na mídia.

Por último, o texto apresenta uma reflexão feita pelo pesquisador sobre os resultados da pesquisa, e que contempla: a evolução no conceito de comunicação e a ação concreta de cada Igreja no campo.

Todo o trabalho, além da análise dos documentos, contou com o apoio de entrevistas com alguns dos pioneiros dessas Igrejas no campo da comunicação. Seus depoimentos foram importantes porque evidenciaram a gênese da ação comunicacional das Igrejas, bem como o estabelecimento da visão que tinham de comunicação em nosso país. A palavra desses pioneiros, objeto de um estudo especial, resultou num livro.

Vale observar que os pensadores que até então haviam estudado o fenômeno da chamada Igreja Eletrônica não direcionam suas reflexões para esse foco. O máximo a que haviam se proposto foi analisar as políticas de comunicação das Igrejas ou criticar o uso que elas fazem da mídia eletrônica.

Recuperar o trajeto

Preliminarmente foi realizado um mapeamento histórico das experiências e das reflexoes sobre os temas realizadas pelas Igrejas Cristãs. Foi um trabalho teórico que procurou ver as defasagens entre a teoria e a prática das Igrejas em relação ao uso dos meios de comunicação social. Portanto, foi uma pesquisa em documentos, confrontada com algumas experiências concretas.

Para explicitar melhor o que propusemos e o que está em jogo quando se procura ver a comunicação como problemática para o campo religioso, é importante ter presente o que justificava um trabalho anterior. Naquele momento, depois de constatar a apropriação do espaço midiático pelo campo religioso, arguimos sobre as consequências desse movimento.

Posteriormente, o trabalho avançou e contemplou o problema no âmbito das teorias da comunicação subjacentes à prática e aos documentos das Igrejas. Como afirmamos antes, esta é uma lacuna que necessita ser preenchida para embasar o trabalho das Igrejas com e através da mídia.

O roteiro de atividade foi orgânico com a questão central – a problemática da comunicação para o campo religioso – e obedeceu ao processo que segue.

Mapeamento das matrizes teóricas que subjazem na produção do campo religioso quando pensa a questão comunicacional e análise dos documentos *canônicos* das Igrejas.

Evolução do conceito de comunicação segundo a perspectiva das construções do campo religioso. A comunicação não é vista como problemática, mas como solução.

Se formos buscar na história, ou se formos atrás de uma origem mítica, de um mito fundador da Comunicação, chegaremos aos gregos. Teríamos, por exemplo, Platão, com seus *Diálogos*, como uma espécie de fundação de nossa área. Ou então as inscrições em Lascaux[4]. O recuo histórico teoricamente seria infinito, pois sempre poderemos retroagir um pouco mais no tempo. Trata-se, portanto, de uma boa estratégia de entendimento (e mesmo de construção de uma área de conhecimento) tentar estabelecer restrições operativas. Uma delas, muito encontrada em teorias ou mesmo manuais de teoria da comunicação, é a que afirma que só podemos pensar num campo mais organizado de estudo das mídias no contexto (ou a partir do contexto) da revolução industrial, da economia capitalista de produção, da sociedade de massa e da vida nas grandes cidades. Assim, ainda que mídias, ou, ainda, que formas e estratégias de comunicação – como as estratégias de retórica, comunicações informais e interpessoais – já existissem, é só a partir de Gutenberg

---

4 Um dos primeiros achados arqueológicos de pinturas rupestres.

ou dos amuletos de *shotoku*[5], se quisermos, e de sua propagação, que podemos perceber esse campo tomando forma. Tais aspectos são caracterizados, sobretudo, pela repercussão desses dispositivos técnicos na sociedade. As perguntas que a partir daí passaram a se colocar são, por exemplo: a) como a sociedade é afetada pelo surgimento de mídias? (deve-se ter o cuidado de perceber que a palavra "mídia", então, não era utilizada); b) como a sociedade se reconfigura a partir do momento em que meios de comunicação (o jornal, o cartaz etc.) são desenvolvidos?; c) como as Igrejas passam também a se reconfigurar?; d) como as pessoas passam a interagir e a se organizar, cultural e socialmente, ao constatar que podem recorrer a aparatos técnicos?; e) como a Igreja, instituição religiosa pertencente a segmento social distinto da política, da escola e das artes, pode ser afetada pelos modos contemporâneos de operar a mídia?; f) como as Igrejas estudadas se redimensionam pelo contato com tais técnicas e tecnologias?; g) no contexto (de época e de questões) em que germinam as teorias da comunicação, como a religião conduz seus posicionamentos frente aos desafios de transmissão da fé?

Do ponto de vista histórico, essas abordagens formalizadas – dotadas já do estatuto de conhecimento – constituem-se como corrente funcionalista, despertando, como contraponto e em oposição a suas ideias, a Teoria Crítica. Ambas surgem nos anos 1920-1930. A primeira, nos EUA; a segunda, na Alemanha, a chamada Escola de Frankfurt. Influenciada pela sociologia positivista, a primeira caracteriza-se pelo trabalho de campo, por uma perspectiva política de direita ou de conservação da estrutura social e política da sociedade norte-americana. A segunda, fortemente influenciada pelo marxismo, adota uma posição de radical crítica à cultura dos meios de comunicação e ao caráter mercantil com que as sociedades passaram a se afirmar na época. Essas são as escolas que fundam, praticamente, o campo da comunicação como campo científico. É interessante perceber que, no seu surgimento, a área da comunicação é uma derivação ou um apêndice da Sociologia. Ambas as escolas são sociológicas, uma vez que ambas se interessavam por questões como a opinião pública, a manipulação, o uso e a repercussão política dos meios.

---

5 Amuletos orientais mandados confeccionar pela Imperatriz Shotoku do Japão, anterior ao ano de 770 de nossa era, dos quais ainda restam alguns exemplares em museus da Europa. O que nos remete ao final do século XVIII.

A aproximação funcionalista de explicação estrutural da sociedade tem a sua influência na teoria da comunicação. Com respeito a essa relação, Soares e este autor afirmaram que

> a impressão de que se avançava com as sistematizações que foram surgindo, principalmente nos últimos trinta anos, ficava por conta da necessidade de se explicar a complexidade da sociedade moderna, o que levava à admissão da importância do receptor como produtor de signos, conduzido pela imaginação ao mundo fantástico dos sonhos e desejos. Com a *bilateralidade* reconhecida no processo de comunicação, consideravam-se resolvidas as desigualdades sociais no domínio dos recursos materialistas e técnicos. Desta forma, a manipulação do comportamento das pessoas por meio dos instrumentos da Comunicação Social continuou a parecer natural e legítima à maioria dos teóricos europeus e norte-americanos. É o que se denomina como o pressuposto funcionalista da Comunicação, garantindo o *status* acadêmico e até ético à mercantilização da produção simbólica[6].

A Teoria Crítica procura ver a sociedade como um todo, indo contra as disciplinas setoriais que a parcializam. Pretende, portanto, ser o oposto, evitando a função ideológica das ciências e das disciplinas setorizadas[7].

Aquilo que as ciências consideram "dados de fato" a Teoria Crítica vê como produtos de uma situação histórico-social específica[8].

Por isso, Horkheimer diz:

> Os fatos que os sentidos nos transmitem são pré-fabricados socialmente de dois modos: através do caráter histórico do objeto percebido e através do caráter histórico do órgão perceptivo. Nem um nem outro são meramente naturais; são, pelo contrário, formados pela atividade humana[9].

---

6 SOARES, Ismar de Oliveiras; GOMES, Pedro Gilberto. "Uma comunicação para o terceiro milênio: novas tecnologias ou nova política?" In: Da Formação do Senso Crítico à Educação para a Comunicação. *LCC CADERNOS*, n. 3. São Paulo: UCBC/ Loyola, 1989, p. 16-17.
7 Cf. idem, p. 71.
8 Cf. idem, ibidem.
9 Apud WOLF, Mauro. *Teorias da comunicação*. Lisboa: Editorial Presença, 1987, p. 72.

Desse modo, todas as ciências sociais, reduzidas a meras técnicas de pesquisa, fecham para si próprias a possibilidade de alcançar a possível verdade, pois ignoram, de maneira programática, suas intervenções sociais[10].

A Teoria Crítica, portanto, move-se dentro da perspectiva da dialética, entendida na sua concepção marxista.

Enquanto a Escola Norte-americana se preocupava em estudar o grupo, pesquisando o comportamento humano, a Escola Europeia, da qual faz parte a Teoria Crítica, se preocupa com o estudo da produção, com o estudo do conteúdo, com a ideologia. Deste modo, se distinguem uma da outra tanto pela *perspectiva* (uma, parte do público; outra, do emissor) como pela *metodologia* (uma faz pesquisa de campo sobre o comportamento do público; outra faz um estudo do conteúdo das mensagens, portanto da ideologia), pela *teoria* (uma afirma a função social dos MCS; outra afirma a dominação exercida pelos MCS) e pela *conclusão* (uma conclui pelo poder da sociedade sobre os meios; outra conclui pelo poder dos meios sobre a sociedade).

Assim, a teoria crítica denuncia a contradição entre indivíduo e sociedade como um produto histórico da divisão de classes e se opõe às doutrinas que descrevem essa contradição como um dado natural.

Entendemos por Indústria Cultural o *conjunto de complexos empresariais ligados ao chamado setor de comunicações de massas, bem como seus produtos, em um determinado país ou região*[11]. Esta realidade está ligada à fase monopolista do sistema capitalista, pois, embora a Indústria Cultural tenha se desenvolvido lentamente junto com o sistema capitalista, somente nesta fase de monopólio é que pôde atingir a sua configuração plena.

Umberto Eco identifica tal situação com o rótulo de apocalípticos e integrados[12] (Teoria Crítica x Funcionalismo). Essas escolas são hegemônicas até a década de 1950. A partir de então, outras escolas e outros movimentos teóricos vao aparecendo. A preocupação com as mensagens das mídias passa a ser preponderante. Teorizações sobre o signo

---

10 Cf. idem, ibidem.
11 GOLDSTEIN, Gisela Taschner. "Indústria Cultural." In: QUEIROZ e SILVA, Roberto (coord.). *Temas Básicos em Comunicação*. São Paulo: Paulinas/Intercom, 1983, p. 28.
12 ECO, Umberto. *Apocalípticos e Integrados*. São Paulo: Perspectiva, 1970.

e sobre a linguagem mostram-se necessárias e Semiótica e Semiologia entram em cena[13]. Essa posição vai até o final dos anos 1980, quando novas perspectivas são apresentadas. Todas elas tentando, de algum modo, criar abordagens não totalizadoras, explicações não fechadas, tais como os estudos de recepção na América Latina e os estudos culturais na Inglaterra e nos EUA. Ou seja, há um movimento no sentido de entender um mundo muito mais fluido e diverso, caracterizado por subculturas, por fluxos identitários, pela diversidade de papéis sociais, por valores em transformações, por ideologias menos demarcadas e pela própria complexidade que os meios de comunicação foram revelando e com a qual foram afetando também o corpo social.

Martín-Barbero[14] é um pesquisador de formação em Semiótica. Entretanto, começou a perceber, mais ou menos no final dos anos 1980, que esses modelos analíticos estavam requerendo mais "carnadura", mais vida concreta. Ele passa a se dedicar então à discussão das culturas populares na América Latina, entendendo que é o popular latino-americano que estaria processando diálogos entre as culturas globalizadas e novas tecnologias – que se recebem via meios de comunicação, uma cultura bastante americanizada, por certo – e seus próprios fundamentos culturais. Martín-Barbero passa a ver a América Latina como o espaço de certos "entretempos", um lugar onde se dariam passagens entre a modernidade mais contemporânea (a moda, o cinema) e marcas de tradição, das culturas locais e das culturas regionais. Tratar-se-ia então de flagrar justamente a recepção, aquilo que pessoas "de carne e osso" fazem dos conteúdos industrializados que recebem. Martín-Barbero vai perceber os múltiplos modos de interação com a mídia. Nesta interação, as culturas populares são elementos importantes de reconfiguração. Ninguém se expõe nu aos meios, como se fosse uma página em branco. Todos veem e interpretam a partir dos lastros culturais nos quais foram criados. Isso passa a dar outra pers-

---

13 Para maiores informações, veja-se: GOMES, Pedro Gilberto. *Tópicos de Teoria da Comunicação. Processos Midiáticos em Debate*. São Leopoldo: Ed. UNISINOS, 2004.
14 Veja a sua obra seminal: MARTÍN-BARBERO, Jesús. *Dos meios às mediações*. Rio de Janeiro: Editora da UFRJ, 1997.

pectiva para a pesquisa em comunicação. Para ele, trata-se de pensar a comunicação a partir da cultura e a cultura a partir da comunicação.

Barbero formula em sua obra um dos modelos teóricos mais importantes dos últimos vinte anos. As mediações são nada mais nada menos do que a *cultura*. Elas, as mediações, são filtros, são lugares em que se dão essas readequações e negociações dos sentidos. Ainda que ele tenha sempre em mente o trabalho de campo, a pesquisa aplicada, a obra não é fruto de pesquisas concretas, mas é uma grande formulação teórica que tem a perspectiva do trabalho de campo. As mediações seriam encontradas então na temporalidade social, na cotidianidade familiar. Ou seja, há uma certa inversão no seu trabalho. Não importa mais o midiacentrismo, o foco restritivo na mídia, mas ver o contexto, as dinâmicas de contexto no qual os produtos da comunicação fazem e adquirem sentido. Entretanto, esta não é a teoria da recepção, mas uma das tantas teorias da recepção. Há outras, filiadas a distintas tradições, sob diferentes perspectivas, fundadas em outros autores etc.

Todas essas teorias têm uma incidência considerável no modo como as Igrejas se relacionam com a mídia. Como já foi dito, quando apresentamos o projeto de pesquisa, o objetivo era perceber a comunicação como problemática para o campo religioso. Por isso, nos eximimos de uma pesquisa no âmbito da recepção dos programas religiosos veiculados pelas Igrejas Cristãs.

Desse modo, igualmente, procuramos entender como essas Igrejas passam a receber as informações sobre possibilidades de ações comunicacionais do campo da fé. Isto é, como as doutrinas interpretam os meios, usufruem deles, dialogam com eles e por meio deles.

Tendo em vista a diversidade das Igrejas Cristãs, o grupo de trabalho viu-se na obrigação de selecionar as confissões religiosas que deveriam ser estudadas. Depois de analisar a situação e a transcendência de cada organização religiosa, a escolha caiu sobre quatro delas: Igreja Católica Apostólica Romana, Igreja Evangélica de Confissão Luterana do Brasil (IECLB), Igreja Metodista e Igreja Universal do Reino de Deus.

As três primeiras foram escolhidas porque, dentre as Igrejas Históricas, são as que mais possuem abertura para os meios de comunicação. A Igreja Católica apresenta uma história muito significativa em trabalhar com a mídia. É, de longe, a Igreja que mais refletiu sobre o assunto e mereceu mais estudo e análise dos pesquisadores[15]. Além disso, desde a imprensa, passando pelo cinema, rádio e televisão, foi a primeira a utilizar os recursos midiáticos no seu trabalho apostólico. A Igreja Luterana no Brasil possui uma tradição de jornal, rádio e produção sonora. A lamentar o fato de que a IECLB tenha pouco estudado a comunicação, sendo seus documentos escassos. A Igreja Metodista compareceu como uma tentativa de se encontrar uma reflexão mais apurada sobre a mídia, mesmo reconhecendo que ela não possui uma tradição no uso da mídia eletrônica.

A Igreja Universal do Reino de Deus (IURD) foi selecionada porque nasceu sob o signo da mídia eletrônica, mormente a televisão. Possui duas redes de televisão e é a Igreja que mais se move no campo da televisão.

Essas foram as Igrejas que despertaram a atenção da equipe de pesquisadores. No desenvolvimento do trabalho, constatou-se que a Igreja Católica é extremamente prolixa na produção de documentos sobre comunicação. Mesmo tendo trabalhado bem, ao longo dos anos, com a mídia impressa, a Igreja Católica tem demonstrado dificuldades em tratar e trabalhar com a mídia eletrônica, mormente a televisão.

A Igreja Luterana, não obstante o fato de ter trabalhado com rádio e escrito alguns documentos sobre comunicação, tem centrado a sua ação na mídia impressa. Por isso a sua posição sobre comunicação precisou ser garimpada.

A Igreja Metodista, conforme dito, oferece poucos documentos escritos, bem como sua presença nos meios eletrônicos é modesta.

No extremo oposto ao da Igreja Católica, situa-se a Igreja Universal do Reino de Deus. Sua reflexão sobre a ação comunicativa da Igreja é inversamente proporcional à sua atuação. Atua com força, mas a sua

---

15 Tal riqueza é constatada pelas obras: IRIBARREN, Jesús. *Derecho a la verdad. Doctrina de la Iglesia sobre prensa, radio y televisión (1831-1968)*. Madrid: BAC, 1968; LUSTOSA, Oscar de Figueiredo. *Os bispos do Brasil e a Imprensa*. São Paulo: Loyola/CPEHIB, 1983; SOARES, Ismar de Oliveira. *Do Santo Ofício à Libertação*. São Paulo: Paulinas, 1988; DELLA CAVA, Ralph; MONTEIRO, Paula. *...E o Verbo se faz imagem. Igreja Católica e os meios de comunicação no Brasil: 1962-1989*. Petrópolis: Vozes, 1991; PUNTEL, Joana. *A Igreja e a Democratização da Comunicação*. São Paulo: Paulinas, 1994; PESSINATTI, Nivaldo. *Políticas de comunicação da Igreja Católica no Brasil*. São Paulo/Petrópolis: Unisal/Vozes, 1998; KUNSCH, Waldemar Luiz. *O Verbo se faz Palavra*. São Paulo: Paulinas 2002. É conhecida a sua trajetória com o rádio no Rio Grande do Sul e em Santa Catarina (muito embora hoje possua somente duas emissoras), bem como o trabalho que desenvolveu em Porto Alegre com a ISAEC.

visão a respeito das mídias não é expressa em documentos ou outras publicações. Apesar disso, nenhuma análise da relação mídia e religião pode deixar de contemplar a ação dessa Confissão Religiosa, tendo em vista as extremas versatilidade e agilidade com que ela se move no campo midiático.

Igrejas Cristãs analisadas

Comecemos a analisar a produção e a evolução da comunicação das Igrejas pela Igreja Católica, que, dentre as analisadas, é a que apresenta maiores subsídios para a análise de sua visão de comunicação. Esta está relacionada com o fato de a Católica ter assumido o uso dos meios de comunicação para desenvolver a sua missão pastoral.

Muito embora ela tenha se manifestado desde os primórdios da imprensa, essa preocupação tornou-se mais aguda com o desenvolvimento dos meios eletrônicos[16].

Tal preocupação sempre se moveu no âmbito da educação da pessoa humana. A compreensão do que se pode e deve realizar neste campo sempre esteve ligada ao conceito que se afirmava de educação. Num momento se privilegiou o *saber*, noutro, o *fazer*, e, mais recentemente, o *pensar*.

Um primeiro tipo de educação põe ênfase nos conteúdos, corresponde à educação tradicional, baseada na transmissão de conhecimentos e valores de uma geração para outra. O importante para este tipo de educação é o *saber*.

Neste modelo, a comunicação é compreendida como transmissão de informações. Existe um Emissor (E) que envia uma Mensagem (M) a um Receptor (R). Como vemos, é um monólogo. Uma só via. Um processo unidirecional.

---

[16] Ver nosso estudo "Contribuições do cristianismo para as ideias comunicacionais da América Latina", in MARQUES DE MELO, J.; GOBBI, M. C.; KUNSCH, W. L. *Matrizes Comunicacionais Latino-americanas. Marxismo e Cristianismo*. São Bernardo do Campo: Umesp: Cátedra da Unesco de Comunicação para o Desenvolvimento Regional, 2002, p. 121-137.

Deste modo, a Pastoral da Comunicação[17] se preocupou, num primeiro momento, com a qualidade das mensagens que os Meios de Comunicação transmitiam para as pessoas. Identificavam-se nessas mensagens as ideias que contrariavam a moral e os bons costumes, bem como o pensamento cristão sobre o mundo, as pessoas e as coisas. Pio XI afirma, na encíclica *Vigilanti Cura*, que a produção cinematográfica "estava rebaixando o senso moral dos espectadores e ferindo a lei natural e humana"[18]. Sua preocupação centrava-se nos efeitos que o cinema tinha nas consciências mais jovens, nas quais "o senso moral está em formação, quando se desenvolvem as noções e os sentimentos de justiça e retidão dos deveres e das obrigações, do ideal da vida"[19]. Desta posição advém a cotação moral dos filmes, as centrais católicas de cinema (CCC). A preocupação era formar, ensinar o reto uso dos meios.

Também na linha da formação crítica, do ensino para melhor usufruir os meios, situa-se a encíclica *Miranda Prorsus*, de Pio XII. Diz o papa que "formar para assistir de maneira consciente e não passiva aos espetáculos fará diminuir os perigos morais, permitindo ao mesmo tempo ao cristão aproveitar de todos os conhecimentos novos do mundo para elevar o espírito até a meditação das grandes verdades de Deus"[20]. A fundamentação de Pio XII para o seu projeto é uma preocupação moral; o projeto admite várias frentes, sendo a principal a formação do usuário a partir das normas morais; o conteúdo programático da formação passava pelas próprias normas e pelo estudo da linguagem de cada um dos modernos veículos.

Portanto, o importante, na Pastoral da Comunicação, nessa perspectiva, é ensinar para que os usuários saibam como agir diante das mensagens dos meios. Sabendo a verdadeira doutrina, as verdades morais e cristãs, os fiéis poderiam se defender contra os "perigos" veiculados pelos novos meios.

Um segundo modelo de educação, o do fazer, é aquele que põe ênfase nos efeitos. Corresponde à chamada Engenharia do Comportamen-

---

17 Pastoral se diz da ação de evangelização da Igreja Católica em determinado campo. Aqui o objeto é o trabalho no campo da comunicação.
18 PIO XI. *Vigilanti Cura*, n. 7.
19 Idem, n. 25.
20 PIO XII. *Miranda Prorsus*, n. 17.

to e consiste essencialmente em modelar a conduta das pessoas com objetivos previamente estabelecidos. Pode ser compreendido como uma *educação manipuladora*.

Aqui, a Comunicação é compreendida como persuasiva. Um Emissor que envia uma Mensagem a um Receptor que dá uma resposta ou reação, denominada Retroalimentação, que é recolhida pelo Emissor. O importante são os efeitos a serem conseguidos. Acontece uma falsa participação, uma vez que a retroalimentação é uma concessão do Emissor ao Receptor.

De acordo com esse segundo modelo, a Pastoral da Comunicação se preocupou com o uso dos meios. Já estamos em fase do Concílio Vaticano II. O Documento Conciliar *Inter Mirifica* – mesmo que ainda permaneça preocupado com a moral – louva os meios de comunicação como maravilhas do engenho humano.

> Entre as admiráveis invenções da técnica, que de modo particular nos tempos atuais, com auxílio de Deus, o engenho humano extraiu das coisas criadas, a Mãe Igreja com especial solicitude aceita e faz progredir aquelas que de preferência se referem ao espírito humano, que rasgaram caminhos novos de comunicação fácil de toda sorte de informações, pensamentos e determinações da vontade[21].

E continua:

> Dentre estas invenções, porém, destacam-se aqueles meios que não só por sua natureza são capazes de atingir, movimentar os indivíduos, mas as próprias multidões e a sociedade humana inteira, como a imprensa, o cinema, o rádio, a televisão e outros deste gênero, que por isso mesmo podem ser chamados com razão de Instrumento da Comunicação Social[22].

Um documento posterior, emanado da Pontifícia Comissão dos Meios de Comunicação Social sob orientação do Concílio, vai dar aos meios de comunicação o objetivo de promover a Comunhão e o Progresso na sociedade.

---
21 Concílio Vaticano II. *Inter Mirifica*, n. 1.
22 Idem, ibidem.

A comunhão e o progresso da convivência humana são os fins primordiais da comunicação social e dos meios que emprega, como sejam: a imprensa, o cinema, a rádio e a televisão. Com o desenvolvimento técnico destes meios, aumenta a facilidade com que maior número de pessoas e cada um em particular lhes pode ter acesso; aumenta também o grau de penetração e influência na mentalidade e no comportamento das mesmas pessoas[23].

Aqui, a atitude já não é de simples condenação. Ao contrário, a Igreja descobre o valor dos meios. Daí que a pastoral da comunicação vai acentuar o *fazer*. Estes meios podem ser um instrumento adequado para atingir as pessoas, moldar-lhes a personalidade, modificar seu comportamento. Eis por que a preocupação seja utilizar os meios para atingir a finalidade a que a Igreja se propõe: transmitir a mensagem evangélica para todos os cantos da Terra. O que se mede é a eficácia dos meios. Atingindo-se a pessoa e mudando-se o seu comportamento, estar-se-á realizando uma boa comunicação. Caso isso não aconteça, o erro reside na maneira de se utilizar os meios, em si bons e instrumentos de comunhão e do progresso humano.

O terceiro modelo de educação põe ênfase no *processo*. Isto é, destaca o processo de transformação da pessoa e das comunidades. Preocupa-se mais com a interação dialética entre as pessoas e sua realidade; preocupa-se com o desenvolvimento de suas capacidades intelectuais e de uma consciência social. Faz uso do método Ação-Reflexão-Ação, compreendendo-se como *educação problematizadora*, e valoriza o *pensar*.

Nesta visão, o ser humano é ao mesmo tempo Emissor e Receptor, ou, num neologismo criado por um pensador, é um EMIREC. Comunicação é a relação comunitária humana que consiste na emissão/recepção de mensagens entre interlocutores em estado de total reciprocidade, conforme a compreensão de Antônio Pasquali. Ou, na explicitação de Luis Ramiro Beltrán, é o processo de interação social democrática baseado no intercâmbio de signos pelos quais os seres humanos compartilham, voluntariamente, experiências sob condições livres e igualitárias de acesso, diálogo e participação.

---

23 PONTIFÍCIA COMISSÃO PARA OS MEIOS DE COMUNICAÇÃO SOCIAL. *Communio et Progressio*, n. 1.

Com o tempo, a Igreja Católica evoluiu para uma compreensão mais abrangente da comunicação. Assim como a educação põe ênfase no processo, destacando a transformação da pessoa e das comunidades, do mesmo modo a Pastoral da Comunicação vai se preocupar com o processo comunicacional que se estabelece entre as pessoas e na sociedade em geral.

A grande preocupação da Pastoral da Comunicação vai residir em valorizar o *pensar*. Isto é, compreender os mecanismos sociais que impedem que os indivíduos e as comunidades sejam sujeitos ativos de sua comunicação.

Para chegar a isso, a reflexão eclesial caminhou muito, principalmente na América Latina. Por isso, a Igreja constata, em Medellín[24], que "muitos destes meios estão vinculados a grupos econômicos e políticos nacionais e estrangeiros, interessados em manter o *status quo* social"[25]. Entretanto, foi em Puebla[26] que essa consciência aflorou com mais vigor. Já num documento preparatório, o CELAM[27] dizia que "a comunicação social na América Latina se encontra sumamente condicionada por esta realidade sociocultural. Mais ainda, constitui um dos fatores determinantes que sustentam a dita situação"[28]. Mais adiante, reforça que

> a comunicação social, (...) ao mesmo tempo em que vincula o homem a um universo mais amplo, o coloca frente ao risco de isolar-se de sua comunidade mais imediata. Recorre-se frequentemente à manipulação e à persuasão que acarreta a despersonalização do homem, inculcando-lhe falsos papéis sociais e modelos de comportamento frente ao social, ao econômico, ao moral e ao religioso[29].

Por outro lado, constata que

> a comunicação social é um dos fatores em jogo na situação de conflito social que vive a América Latina. Os grupos de poder, político e econômico, que dominam os meios, obstaculizam a comunicação

---

24 Na III Conferência do Episcopado Latino-americano, realizada em Medellín, Colômbia.
25 MEDELLÍN, *Documento 16*, n. 2.
26 IV do CELAM, realizada em Puebla, México.
27 CELAM – Conferência Episcopal Latino-americana.
28 Citado por B. SPOLETINI, B. *Comunicación e Iglesia Latinoamericana*. Buenos Aires: Paulinas, OCICAl, Unda-Al, UCLAP, WACC, 1985, p. 172.
29 Idem, ibidem.

dos setores marginalizados e criam dificuldades para a expressão dos comunicadores responsáveis. Isso se manifesta na constante violação dos direitos humanos, a aplicação da censura, as arbitrariedades e os abusos econômicos aos que se veem submetendo tanto as instituições quanto os profissionais da comunicação social comprometidos com a causa da justiça[30].

O Documento de Puebla se apoia nesse documento para refletir sobre a comunicação social. Por isso, denuncia o controle sofrido pelos meios e afirma que os poderes políticos e econômicos manipulam ideologicamente os meios de comunicação para manter o *status quo* e criar uma ordem de dependência-dominação.[31]

Denuncia, outrossim, que governos e setores privados exercem um monopólio da informação, possibilitando o uso arbitrário dos meios de informação, com a consequente manipulação das mensagens de acordo com seus interesses[32].

A compreensão da comunicação a partir do processo estabelecido na sociedade, no âmbito do Brasil, foi explicitada tanto na Carta aos Comunicadores[33] como no texto-base da Campanha da Fraternidade de 1989.

A partir de todos estes pressupostos, o trabalho pastoral no campo da comunicação objetiva que todos conheçam, compreendam e experimentem a realidade da comunicação social. O trabalho, desse modo, concentra-se em criar condições para que as pessoas façam a experiência do processo comunicacional que acontece no interior das comunidades. Ao mesmo tempo, relaciona este processo ao macro-organismo da comunicação da sociedade, identificando o autoritarismo, a verticalidade e a unidirecionalidade da comunicação.

Consequentemente, a Pastoral da Comunicação concentra-se em realizar uma educação para a comunicação, pela qual cada indivíduo, grupo ou comunidade venha a exercer seu direito à comunicação, que é fundamental e primário e identifica-se com o direito de ser. Mesmo

---

30 Idem, p. 173-174
31 Cf. PUEBLA, op. cit., n. 1069.
32 Idem, n. 1070.
33 Emanada, em 1984, da Equipe da Reflexão do Setor de Comunicação da CNBB. São Paulo: Paulinas, 1984.

quando se executa um trabalho através dos meios de comunicação, tem-se em mente criar condições para que a palavra da comunidade flua viva e livre.

Noutras palavras, a Pastoral da Comunicação objetiva que o ser humano seja um Emissor/Receptor. Deste modo, busca-se criar condições para o estabelecimento de uma comunicação dialógica.

As diferentes fases da compreensão de comunicação por parte da Igreja coexistem até hoje. Uma fase se sobrepõe à outra, convivendo dialeticamente. Entretanto, em alguns momentos, há uma predominância maior da primeira postura, mais preocupada em doutrinar. Isso aparece nos diversos textos produzidos pela hierarquia católica nesse período. Tal é o caso do Catecismo da Igreja Católica, que vincula a realidade da comunicação social com o respeito à verdade, ao mesmo tempo em que apresenta uma preocupação com o reto uso dos meios de comunicação social. O texto aborda a preocupação pastoral com os perigos e os desvios no uso dos meios.

A Conferência do Episcopado Latino-americano de Santo Domingo (1992), por sua vez, também trata de comunicação. A parte específica sobre comunicação situa-se na linha dos documentos anteriores, não acrescentando novidade. Entretanto, ele inova quando, nas Perspectivas Pastorais para a América Latina, a comunicação é colocada como uma prioridade. Nele, as Conferências Episcopais possuem uma base oficial para priorizar a comunicação nos seus planos pastorais.

O documento *Aetatis Novae*, publicado pelo Pontifício Conselho para as Comunicações Sociais, em 1992, realiza uma reflexão que parte da realidade, iluminando-a, a seguir, com a doutrina. Isso é uma novidade. Para esse documento, o importante é o processo, superando-se o mero uso dos meios de comunicação. Mais que fazer, deve-se *pensar*.

Por último, uma série de documentos da Igreja aborda aspectos particulares. Em 1996, a Congregação para a Educação Católica publicou um estudo dando orientações para a formação dos futuros sacerdotes acerca dos instrumentos da comunicação social. Aqui, o documento enfatiza a formação para o uso dos meios, muito embora não entre nas especificações técnicas sobre os tais meios.

O Pontifício Conselho para as Comunicações Sociais, por sua vez, em 1989 publica um documento que pretende dar uma resposta pastoral ao fenômeno da pornografia e da violência nas comunicações sociais.

O estudo aponta a difusão de uma moral permissiva como causa do fenômeno. O documento é endereçado às famílias (n. 32), procurando fornecer subsídios para que estas possam melhor realizar a sua missão de educadora na fé. Não existe informações sobre a sua aplicação prática.

Em 1992, a Congregação para a Doutrina da Fé publicou uma instrução sobre alguns aspectos do uso dos instrumentos de comunicação social na promoção da doutrina da fé. O tom aqui é jurídico. A responsabilidade na difusão da doutrina pertence a todos. Desse modo, todos possuem direito de utilizar os meios para tais fins. Muito embora tenha sido escrito no mesmo ano que *Aetatis Novae*, o ponto de partida e o enfoque são diametralmente opostos.

Olhando esses últimos documentos, vê-se que a Igreja não possui uma diretriz clara com respeito à comunicação social. Dependendo da Congregação ou do Organismo de origem do documento, a visão e o julgamento da comunicação social não são coincidentes e configuram, não raro, perspectivas opostas.

Diversos segmentos eclesiais, conforme suas realidades e perspectivas, explicitavam a visão que tinham da comunicação social e a consequente relação com a evangelização. Isso era razoável, pois todos, ao cabo, estavam comprometidos e preocupados com a missão evangelizadora, mandato de Jesus.

Entretanto, parece que a resolução do problema não é tão simples. Adverte-se, no momento, um duplo movimento. De um lado, existem ações que demonstram um deslocamento que privilegia o *saber*. Enfatiza-se, em diversos setores pastorais, um julgamento moralista da televisão[34]. Nesse sentido, ganham força os projetos, comuns nos anos 1980, de leitura crítica da comunicação e de formação da consciência crítica. De outro lado, grupos de Igreja enfatizam o *fazer*.

Entretanto, a trajetória comunicacional da Igreja Católica no Brasil não começou com essas experiências na televisão. Desde os inícios do rádio no País, a Igreja Católica investiu em emissoras. Nesse particular, ganham destaque as iniciativas dos padres Paulinos, Capuchinhos e Re-

---

34 Por exemplo, campanhas que advogam o desligamento da televisão como forma de protesto contra os desmandos realizados pelos meios de comunicação. Ou então, movimentos contra a pornografia e a baixa qualidade de programas de auditório e telenovelas, reivindicando uma atuação mais decisiva do Congresso e do Governo em termos de uma lei para a televisão.

dentoristas. A congregação dos Redentoristas mantém a rádio Aparecida, a mais importante emissora Católica no Brasil. Além dessas congregações religiosas, um número considerável de dioceses, ao longo do País, possui emissoras de rádio. Contudo, o projeto de rádio adotado, na maioria, não difere das emissoras comerciais. A evangelização se dá de modo indireto, com programas de cunho humano e de orientação cristã.

Pressionada pelo crescimento desmesurado das Igrejas Pentecostais e com a desenvoltura com que essas instituições se movem no universo midiático, notou-se que a Igreja Católica começou a repensar a sua atuação nos meios de comunicação. Entretanto, não é apenas a presença nos meios que é redimensionada. A forma das celebrações, o modelo pastoral e doutrinal, começa a mudar. A experiência das comunidades eclesiais de base, com uma forte carga social, é substituída, gradativamente, por uma comunidade mais espiritualista, que valoriza os sentimentos, os gestos, o canto.

Conforme José Marques de Melo assinala em sua obra[35], há uma linha coerente no trajeto percorrido pela mídia religiosa em nosso país, refletindo o próprio desenvolvimento tecnológico. Desde a invenção da imprensa, os dirigentes religiosos dela se utilizam para o trabalho de evangelização. O advento do rádio e da televisão intensificou a difusão de mensagens de cunho religioso com o objetivo de atingir amplos segmentos da sociedade não letrada. Agora estão se apropriando das tecnologias digitais.

Adverte-se, na Igreja Católica, uma dissociação entre pensamento e ação, isto é, entre os diversos documentos (teoria) e o exercício pastoral concreto (prática).

Outra Igreja examinada na sua produção de comunicação foi a Igreja Luterana. Como Igreja da palavra, para ela o jornal impresso tem uma grande importância, o que também ocorre na Metodista, pois ambas têm a tradição da palavra que é a das Escrituras. Martinho Lutero afirmava a importância disso: o que não está na Bíblia não funciona. Diferentemente da Igreja Católica, a fé da comunidade luterana não está sustentada pela tradição.

---

35 MELO, José Marques de. *Comunicação Eclesial:* utopia e realidade. São Paulo: Paulinas, 1996.

De outra forma, tanto a Igreja Luterana como a Metodista não entraram na área televisiva. Mas em algum momento ela teve essa percepção dos meios como um processo. A Igreja Luterana conta com emissoras de rádio. Elas escreveram algumas coisas sobre comunicação, mas há pouca produção teórica de um modo geral.

Em entrevista com o pastor Sílvio Schneider, da Igreja Evangélica de Confissão Luterana no Brasil (IECLB), ficou perceptível essa concepção de identidade entre as Igrejas Históricas e a compartilhada crítica aos pentecostais. Sílvio alertou para a dificuldade de manter um programa de rádio, pelo fato de se ter de levar em consideração o aspecto na escolha dos patrocinadores, que, por sua vez, são muitas vezes afugentados pelo conteúdo dos programas.

A respeito de uma futura pretensão para o uso de um meio como a TV, o pastor Sílvio Schneider acredita que seja difícil e improvável, pois não combina com a filosofia da Igreja.

A característica básica da celebração luterana é da comunidade local, e, nesse sentido, o próprio conceito de uma Igreja virtual é antagônico à linha doutrinária.

A Igreja Metodista, por sua vez, segue a linha de outras Igrejas da Reforma. É uma igreja que se fundamenta na palavra escrita. Possui sua própria Bíblia Metodista. Realizando-se uma comparação com a Evangélica de Confissão Luterana no Brasil (IECLB), a Igreja Metodista é ainda muito mais tímida no seu atuar comunicacional.

A instituição não possui experiência com meios como o rádio e a televisão, por isso, igualmente, não desenvolveu hipóteses ou projetos sobre uma política de atuação junto a essas mídias. Ela faz uso da internet, contudo a preocupação é difundir sua teologia, atividades litúrgicas, informações sobre os sínodos etc., assim como divulgar seus investimentos na esfera educacional, através de suas faculdades, universidades e outros regimentos de ensino.

A quarta Igreja contemplada no trabalho foi a IURD, que coloca em prática ações e teatralizações, extremamente ricas sob o aspecto semiótico, valorizando muito o gestual. A exteriorização através de uma mídia eletrônica ocorre de modo natural para a instituição, que por sua vez não questiona se está em jogo a própria espiritualidade, elemento essencial de toda religião. Como foi visto anteriormente, a IURD realiza um uso funcionalista dos meios.

A IURD não tem produção teórica, sendo, entretanto, a que, talvez, se relacione com os meios de comunicação da maneira mais funcionalista possível. Os meios não são um problema para ela, mas, sim, solução. Solução para atingir a sociedade, com a qual precisa se relacionar. Para isso, usa jornal, rádio, internet e televisão.

No sul do País, mais exatamente em Porto Alegre, adquiriu um complexo jornalístico, envolvendo um jornal com mais de cem anos, emissora de rádio AM e FM, além de uma emissora de televisão. Entretanto o pesquisador não encontra nenhuma justificativa teórica, de parte dos responsáveis pela Igreja, para esse investimento maciço na mídia. A inferência que se faz é que essa confissão religiosa vê os meios de comunicação apenas como dispositivos a serviço da transmissão da mensagem evangélica.

A ação do bispo Edir Macedo, dirigente máximo da Igreja, o levou a montar um império midiático colocado em segundo lugar no universo brasileiro, apenas atrás da Rede Globo de Televisão. Entretanto, suas emissoras, com exceção da Rede Família, movem-se no horizonte de uma comunicação laica. Assim, a Rede Mulher e a Rede Record possuem uma programação variada, com entretenimento, esportes, notícias e variedades. Entretanto, mesmo que não fale expressamente de Deus e do Evangelho, nem da Igreja, a mensagem é passada subliminarmente, firmando a marca da Igreja Universal.

A facilidade com que a IURD se move no mundo midiático possui uma explicação no fato de que ela já nasceu midiática, diferentemente de outras Confissões, mais históricas e com um passado e uma tradição consideráveis.

Comentário

O que o estudo da produção de comunicação dessas quatro Igrejas nos traz? Ora, os meios eletrônicos, hoje, não são apenas dispositivos tecnológicos, mas condicionam a construção de sentido dos indivíduos. A mídia se tornou uma "solução" para as Igrejas, uma maneira mais simples para a transmissão da mensagem evangélica. Ou seja, uma ajuda substancial para o desenvolvimento de sua missão.

Vários aspectos influenciam diretamente nas políticas de comunicação das Igrejas. Algumas, como visto, ficam presas à palavra, enquanto outras oferecem um fervilhar de interpretações e usam todas as mídias.

Uma parte dos estudiosos da América Latina vê a comunicação como um processo. Consequentemente, é necessário observar como esse processo se dá. Com relação ao conceito de comunicação, a Igreja Católica fez trajeto que deixa entrever a evolução do conceito de processo. Num primeiro momento, ela via os meios como algo que deveria ser analisado e olhado com suspeita e, assim, realizava um julgamento a respeito deles, se eram bons, ruins, fazendo análise de conteúdo etc.

Posteriormente, passou a ver os meios de um modo funcional, que poderiam ser usados para difundir a mensagem e atingir o maior número de pessoas possível. Já a partir dos encontros de Medellín (Colômbia) e Puebla (México) ela começou a pensar mais dialeticamente e começou a questionar seus processos internos. Essa visão foi adotada tanto em Roma como no Brasil.

A Igreja Católica sempre usou o jornal, o rádio (possui cerca de duzentas emissoras no Brasil), e depois começou a usar a televisão. Contudo, tem ainda essa defasagem entre o seu discurso e a sua prática. Ela chegou a ver os meios de comunicação como um processo, mas quando os usa faz isso de um modo funcionalista, do mesmo modo que a IURD. A Igreja Católica chegou a afirmar que, se Jesus Cristo vivesse hoje, ele usaria um canal televisivo para pregar sua mensagem. Assim, os meios oferecem a possibilidade de ampliar o alcance do discurso.

A defasagem inicial estava entre o pensamento da Igreja Católica e a sua prática. É certo que ela defende uma política de diálogo e comunhão, chega a fazer um misto de análise crítica da realidade e do processo de comunicação, possui um projeto de comunicação, entretanto, quando utiliza um meio específico para trabalhar, não desenvolve isso no seu agir e acaba atuando de modo funcionalista.

Houve um projeto da Igreja Católica, surgido na Europa: o Lúmen 2000. Consistia em colocar em órbita um satélite para que o papa pudesse falar ao mundo inteiro. Então, em 2000, no aniversário de Jesus, eles queriam oferecer um grande presente que seria o mundo cristianizado. Isso não deu certo, não só pelo dinheiro envolvido, mas porque não é tão simples assim. Ela queria atingir o maior número de pessoas e tentou usar o meio como se esse fosse neutro.

Hoje, os programas católicos são os mais funcionalistas possíveis. A Rede Vida abre um pouco mais, insere esportes, mas, mesmo assim, seus programas religiosos operam de modo funcionalista. No trabalho feito por Luis Sierra[36], sobre a Rede Vida de Televisão, quando analisou os programas O Terço Mariano e O Terço Bizantino, observa-se justamente isso. Dessa forma, o que a Igreja Católica não consegue é ter esse meio termo. Ou seja, ter um projeto de comunicação que seja libertador e dialógico e, ao mesmo tempo, aplicar isso nos seus programas.

Observamos a intenção inicial mantida pela Igreja Católica em utilizar os meios. Há preocupações com o potencial dos veículos, e tais assuntos são discutidos em congressos e encontros. Contudo, mesmo que sejam feitas certas advertências, na prática ocorre um uso semelhante às Igrejas pentecostais[37]. É preciso considerar que a TV tem um custo alto de manutenção, portanto parte-se para todas as formas possíveis de ganhar dinheiro.

A Igreja Católica, do ponto de vista da compreensão sobre a comunicação, evoluiu, mas não manteve um conceito mais moderno, de uma comunicação vista como um processo.

Muitos dos novos padres que estão sendo formados têm como modelo o Pe. Marcelo Rossi. Eles não estão transcendendo a sociedade em que vivem para fazer uma crítica sobre o atuar comunicativo. Há uma crença de que todas as pessoas recebem a mensagem de uma mesma maneira e que tal mensagem passaria simplesmente por esses dispositivos tecnológicos (amplificada) para as cabeças dos indivíduos. Mas é diferente. Cada pessoa fará sua própria interpretação. A religião, assim,

---

36 SIERRA, Luis Ignácio G. *A tele-fé:* religião midiatizada. Estratégias de reconhecimento de sentidos religiosos de telefiéis do canal Rede Vida de Televisão em Porto Alegre/RS. Tese apresentada como requisito parcial para a obtenção do título de doutor em Ciências da Comunicação. Centro de Ciências da Comunicação da Universidade do Vale do Rio dos Sinos. São Leopoldo: UNISINOS, 2007. Esta tese apresenta um amplo levantamento sobre as dissertações e teses desenvolvidas no Programa da UNISINOS sobre Mídia e Religião.

37 Se o Pe. Marcelo Rossi, por exemplo, não estivesse com a vestimenta católica e falando sobre Nossa Senhora, não o diferenciaríamos de um pastor da pentecostal. Sob o ponto de vista do Pe. Marcelo Rossi, não há sentido em discutir o uso dos meios, simplesmente deve-se usá-los. Os meios ofertam uma solução e deles é feito um uso instrumental. Quando ele preenche um espaço na grade de programação, passa a fazer parte das molduras que irão influenciar de algum modo nosso cotidiano.

se torna uma opção a mais dentro da gama de ofertas que a programação da TV já possui. Passa a ser uma segmentação de mercado. Nessa concorrência estão as redes católicas. Como há um canal para tantos outros tipos de conteúdo, ocorre essa lógica da concorrência, inevitavelmente. É como se fosse um grande *shopping* com várias lojas para o freguês escolher.

Há um outro fator no mundo contemporâneo: os mesmos grupos que usam os meios para concorrência partem do pressuposto de que suas mensagens são as "corretas", ao passo que hoje em dia existe um grande pluralismo, não existindo um pensamento único. Buscam-se os valores comuns em todas as visões para que possam ser defendidos por todos.

A Igreja Católica celebra o mistério e, segundo Derrida, não deveria escancarar o sacramento, pois é algo íntimo[38]. A essência de participar de uma eucaristia é comungar, e se a missa é televisionada isso não tem como acontecer. É como estar com fome e assistir à transmissão de um banquete sendo servido.

Sintetizando essa parte, vemos que o trabalho realizado trouxe uma visão mais completa da relação das Igrejas Cristãs com a comunicação. No início do projeto aventávamos a hipótese de que a comunicação não era problema para as Igrejas, mas solução. Isto é, os meios de comunicação, a mídia, eram apenas considerados como dispositivos tecnológicos que serviam para ampliar a voz e a ação das confissões religiosas na sua faina para amealhar fiéis e transmitir a mensagem evangélica. Se esse era o objetivo, então o centro era a mensagem, a pessoa de Jesus Cristo, a palavra do Evangelho. Esses pontos deveriam ser refletidos e não os meios eletrônicos colocados à disposição dos pastores para levarem a cabo a sua missão.

A Igreja Católica, instituição que mais refletiu e escreveu sobre comunicação e sobre os meios de comunicação, não escapa dessa convicção. Isso pode ser observado no desenvolvimento do pensamento dessa Igreja sobre comunicação. Entretanto, em muitos momentos, detectou-se uma defasagem entre o discurso e a prática dos católicos no campo da comunicação. Mesmo naqueles momentos em que a crítica foi mais severa e a análise mais acurada – como nas Conferências Gerais do

---

[38] Esta é a crítica que Jacques Derrida faz ao cristianismo, mormente à Igreja Católica, no seu livro: *Et Surtout, pas de journalistes*. Paris: Desclèe, 2006.

Episcopado Latino-americano em Medellín, Puebla e Santo Domingo –, essa Igreja teve uma prática funcionalista e uma visão instrumental dos meios de comunicação. Hoje, a Igreja Católica está empenhada em desenvolver grandes redes de rádio e de televisão, em utilizar largamente a internet, criando e desenvolvendo *sites* religiosos, sem se perguntar sobre as consequências para a vida religiosa das pessoas.

Diversos organismos ligados à Igreja Católica criaram *sites* de relacionamento, aconselhamento pastoral, entre outros, considerando a rede mundial como uma extensão a mais de sua ação, sem se preocuparem com uma reflexão mais profunda sobre os processos midiáticos envolvidos.

As duas outras Igrejas – Luterana e Metodista – tampouco teorizaram sobre comunicação. Sua relação é muito maior com a imprensa escrita, como Igrejas da Palavra. O que pensam sobre comunicação deve ser garimpado em textos esparsos, mais ligados à pastoral, à liturgia e à teologia. Mesmo assim, quando deixam escapar alguma opinião sobre os meios, a sua posição está mais para o funcionalismo que para a dimensão crítica. Nesse particular, a visão funcionalista está presente mesmo naqueles que fazem um juízo severo e negativo dos meios.

Contudo, quando se decantava a relação das Igrejas com a mídia eletrônica, constatava-se que elas ainda não se haviam apercebido do que acontecia no mundo contemporâneo com o processo de midiatização da sociedade. Nesse sentido, parecia-nos que as Igrejas estavam ainda num outro universo, mais fechado e mais organizado, um universo da modernidade, de meados do século XX. O que ficou em aberto foi a discussão sobre a midiatização da sociedade nesses inícios do século XXI, com emergência da sociedade em rede. Aliás, a rede de informações, potencializada pela conjugação de satélite, internet, telefonia móvel e televisão digital, estava criando um novo ambiente para o qual as Igrejas ainda não despertavam. Essa é a trilha que a conclusão desse trabalho nos abriu e que deveria ser analisada.

É importante que se recupere a justificativa apresentada para a continuação do trabalho. Naquele momento, lembrávamos a pergunta que fazíamos sobre a maneira como as Igrejas Cristãs se relacionavam com mídia eletrônica.

Ao longo da pesquisa tentou-se responder essa questão; por um lado, pela realização do mapeamento das matrizes teóricas que subjaziam na produção do campo religioso quando pensava a comunicação como um *elemento* de suas práticas; por outro, pela análise de documentos ditos *canônicos, clássicos*, onde as Igrejas Cristãs tratam a comunicação e sua importância para suas missões, procurando se recuperar fundamentos teóricos que *cimentaram* ou *nortearam* essas reflexões[39].

Desejava-se saber, no agir cotidiano das Igrejas, como se dava (e se dá) o debate entre as correntes que defendem uma Igreja Midiatizada, via protocolos do espetáculo, daquelas outras fiéis às dimensões dos conteúdos e dos próprios rituais de comunicação interna, portanto, sem as contaminações com as lógicas midiáticas.

Estudamos a evolução do conceito de comunicação segundo a perspectiva das construções do campo religioso. Associado ao que foi dito acima, o objeto de análise foi constituído pelos documentos *funcionais*, históricos, das Igrejas Cristãs.

Vimos que o que está em jogo, fundamentalmente, é a relação estabelecida pelas Igrejas Cristãs com a comunicação. Os fatos levantados estão confirmando a hipótese de que a comunicação é apenas um instrumento da evangelização, sem maiores questionamentos. O importante não são os meios, mas a transmissão da mensagem. Aqui está em jogo um debate teórico de fundo que se expressa na midiatização da técnica *versus* a técnica propriamente dita, via protocolo das mediações. Esse debate pervade a realidade contemporânea. De um lado estão aqueles que propugnam a utilização da técnica como instrumento capaz de transformar a sociedade; de outro estão os que defendem o processo no qual a técnica se constitui e acentuam as mediações individuais, situacionais, familiares e sociais. Na discussão proposta por Jesús Martín-Barbero, é necessário passar dos *meios às mediações*. Ou então, é necessário perder o objeto para ganhar o processo[40].

Nessa visão, não importa a posição ideológica dos observadores, pesquisadores ou agentes de pastoral das Igrejas Cristãs. Os chamados progressistas, situados à esquerda em suas confissões cristãs, não questionam o uso dos meios, nem a ida à mídia eletrônica. Suas críticas

---

39 Cf. supra, ponto 2.
40 MARTÍN-BARBERO, Jesús. "De la comunicación a la cultura. Perder el *objeto* para ganar el proceso." *Signo y Pensamiento*, n. 5, vol. 3, ano 3, segdo. semestre de 1984. Bogotá: Universidad Javeriana, 1984.

dirigem-se à forma como os meios são utilizados. Por sua vez, os mais conservadores, que utilizam largamente os meios de comunicação, de igual modo com eles não se preocupam. O importante é a mensagem a ser anunciada. Estão convencidos de que não podem cumprir o mandato do Senhor Jesus nos dias de hoje se não utilizarem os modernos meios de comunicação social.

3. O processo de midiatização da sociedade e sua incidência na relação mídia e religião

Como vimos, para as Igrejas Cristãs, o dispositivo comunicacional é tomado como instrumento e/ou suporte, devidamente naturalizado, e não como um desafio conceitual que hoje enfrentam as práticas midiatizadas dos diferentes campos sociais. Entretanto, aqui reside o problema que nos induz à reflexão. O trabalho anterior trouxe à luz elementos que não estavam entre as preocupações das Igrejas Cristãs. Ao entrar no mundo da mídia, as Igrejas não levavam em conta que o processo mudaria. Os dispositivos tecnológicos são apenas uma mínima parcela, a ponta do *iceberg*, de um novo mundo, configurado pelo processo de midiatização da sociedade. Estamos vivendo, já há muito, uma mudança, com a criação de um *bios* midiático que incide no tecido social. Surge uma ecologia comunicacional[1]. É um *bios* virtual. Mais do que uma tecnointeração, está surgindo uma nova ambiência, originada na midiatização da sociedade. Isso faz com que, no caso da televisão, figuras televisivas, na maioria das vezes, tornem-se personagens de si mesmas, enquanto a sociedade exercita uma participação vicária. Esse modo de ser no mundo leva ao deslocamento das pessoas da praça (onde são sujeitos e atores) à plateia (onde sua atitude é passiva).

Assumindo-se, então, a midiatização tal como acima expresso, superava-se, no meu entendimento, a mediação como categoria para se pensar a televisão hoje. Estamos numa nova ambiência que, se bem tenha fundamento no processo desenvolvido até então, significava um salto qualitativo, uma viragem fundamental no modo de ser e atuar.

---

1 As ideias que seguem e embasam a reflexão foram desenvolvidas em: GOMES, Pedro Gilberto. *A filosofia e a ética da comunicação no processo de midiatização da sociedade*. São Leopoldo: Ed. UNISINOS, 2006. Ver, principalmente, o capítulo 6.

Esse aspecto supera o conceito de mediação, mesmo sendo este mais do que um terceiro elemento que faz a ligação entre a realidade e o indivíduo, via mídia. Ele é a forma como o receptor se relaciona com a mídia e o modo como justifica e tematiza essa relação. Por isso, estrutura-se como um processo social mais complexo que traz no seu bojo os mecanismos de produção de sentido social.

A midiatização torna-se – ouso dizer, com tudo o que isso implica – um princípio, um modelo e uma atividade de operação de inteligibilidade social. Noutras palavras, ela é a chave hermenêutica para a compreensão e a interpretação da realidade. A sociedade percebe e se percebe a partir do fenômeno da mídia, agora alargado para além dos dispositivos tecnológicos tradicionais. Por isso, é possível falar da mídia como um *locus* de compreensão da sociedade. Isso é tão imperioso que a posição, já revolucionária, da *praça à plateia*[2] perde o seu sentido e é superada. Agora temos um teatro de arena, onde não mais se pode falar de palco e plateia, pois é impossível pensar uma realidade sem palco, uma vez que ele tomou tudo. As pessoas não distinguem mais a sua vida separada do palco, sem ele. Se um acontecimento não aparece na grande imprensa ou nas redes sociais parece que não existiu.

Essa nova forma de inteligibilidade ultrapassa uma visão de técnica que, mais que estimular, disciplina as pessoas para agir em determinada direção, para assumir certas condutas sociais, configurando uma ideia de poder que permanece ainda na modernidade. A técnica fica apenas como um instrumento para o exercício do poder, e não permite a compreensão dessa totalidade nova. Na sociedade do *grande irmão*, a tecnologia midiática é uma ambiência que trabalha na construção de sentido, induzindo uma forma de organização social.

Aqui se toca a ética relacionada à mídia, que está essencialmente ligada ao processo de midiatização social. No que concerne à TV, existe um mundo real não abarcado pelas câmeras, o qual, deve-se convir, é efetivamente difícil dar conta dele. Cada vez mais o fato, para ser reconhecido como real, deve estar na mídia. Tudo é feito eletronicamente, inclusive o exercício pleno da cidadania; por exemplo, aquele expresso

---

2 Segundo a conceituação de Maria Cristina Mata.

pelo do voto. A vida cotidiana é regrada e organizada pelos sistemas de informação proporcionados pelo desenvolvimento tecnológico.

Fazendo referência ao pensamento de Marshall McLuhan, que divide a história como um processo que vai da tribalização à retribalização, passando pela destribalização[3], pode-se dizer que a midiatização nos coloca numa outra galáxia que supera a chamada Aldeia Global. Parece ser um processo mais avançado do que uma simples retribalização. A *Galáxia Midiática (ou midiatizada)* cria o fenômeno da *glo(tri) balização*.

Avançando e ousando mais na reflexão, pode-se afirmar que a midiatização está, talvez, configurando a possibilidade da busca de uma visão unificada da sociedade. A estruturação de uma visão totalizante não mais dar-se-ia mediante a reflexão e o pensamento, mas pela prática glo(tri)balizante.

O mundo unificado de Platão, via Plotino e Agostinho, foi fragmentado por Aristóteles e, no Ocidente, por Tomás de Aquino. É o princípio da ciência.

A reunificação do mundo (volta a Platão e Plotino) acontece no âmbito da prática, via midiatização da sociedade, onde o novo que surge é um retorno ao Uno, numa visão unificada do mundo. A unidade surge como princípio de inteligibilidade social no processo de midiatização. Na harmonização dos contrários, a unificação significa um mais além da diferença de pensamento, apontando para uma prática comum.

Frente a essa realidade, aceitando suas premissas, deve-se encontrar e discutir a incidência que ela tem na relação mídia e religião. Vimos que as religiões mantêm uma relação de funcionalidade com a mídia, contemplando apenas os dispositivos tecnológicos como instrumentos adequados para ampliar a voz e a ação daqueles que estão empenhados em transmitir a sua mensagem religiosa.

Que consequências haverá para as religiões que, permanecendo ainda na antiga ambiência, aventuram-se idilicamente no mundo da mídia? A sociedade midiatizada, com a sua vocação de totalidade, deixar-se-á dominar pelo mundo da religião? Como se pode dominar, do-

---

[3] Para uma consulta mais ampla ao pensamento de McLuhan, sugerimos a consulta ao nosso trabalho anterior: GOMES, Pedro Gilberto. *Tópicos de Teoria da Comunicação*. 2. ed. São Leopoldo: Ed. UNISINOS, 2004, p. 114-121.

mesticar, algo que nos ultrapassa? O projeto unificador da midiatização não irá condicionar o projeto religioso, competindo com ele no domínio de corações e mentes?

A resposta a tais perguntas é complexa. Minha hipótese, a partir das questões explicitadas acima, é que as religiões cristãs, ao se aventurarem no mundo das mídias, ainda permanecem na antiga ambiência. Idilicamente, elas olham o mundo midiático apenas como dispositivo tecnológico, ignorando o seu projeto de totalidade. Existem dois projetos de compreensão da sociedade, ambos com pretensão de totalidade (o religioso e o midiático), que não se encontram. Levantamos a possibilidade de o segundo sobrepor-se ao primeiro, condicionando o modo como as pessoas vivem e projetam a sua religião. Essa hipótese está na esteira dos resultados obtidos no trabalho sobre *Processos Midiáticos e Construção de Novas Religiosidades*, em que se questionava a respeito do tipo de religião que estava emergindo da mídia. O problema não era o que as religiões faziam com a mídia, mas da religião que dali estava surgindo.

Um levantamento do estado da arte sobre o processo de midiatização na sociedade atual e a construção do referido conceito se impõe porque ele configura a pedra angular do caminho encetado. Os estudos realizados até agora significam a tentativa de superação do modo como a comunicação vem sendo considerada no momento atual. O ponto de chegada é o conceito de midiatização que, como foi afirmado acima, expressa uma mudança de grande transcendência hoje. Ela é um princípio de inteligibilidade social[4].

---

4 Esse aspecto foi amplamente debatido na obra FAXINA, Elson; GOMES, Pedro Gilberto. *Midiatização. Um novo modo de ser e viver em sociedade*. São Paulo: Paulinas, 2016, 191 p.

4. Plurivocidade do conceito de midiatização

Neste capítulo pretende-se apresentar o trabalho que foi realizado para se chegar à compreensão do conceito de midiatização. Partiu-se do princípio de que esse conceito não é unívoco e que, nessa condição, um primeiro passo para delimitá-lo seria fazer um levantamento das suas diversas significações.

Primeiramente, situamos o conceito incursionando sobre o que já estava suposto e como surgiu o conceito. Em seguida, analisou-se alguns autores que tratavam do assunto, sem, no entanto, o designar como midiatização. Dando prosseguimento, contemplou-se o objeto conforme vinha sendo tratado na academia, principalmente no Brasil e na América Latina.

O movimento seguinte foi no sentido do ponto a que havíamos chegado nos Continentes Midiáticos ou na Geografia Midiática. Aqui, fez-se uma visita ao Brasil, à Argentina e à Europa, com destaque para a Europa do Norte.

O capítulo termina com o excurso do pesquisador chamado de *uma primeira opinião.*

O significado de midiatização em culturas distintas

Como vimos nos capítulos precedentes, a midiatização tornou-se cada vez mais um conceito-chave, fundamental, essencial para descrever o presente e a história dos meios e a mudança comunicativa que estava e continua ocorrendo. Assim, foi necessário procurar compreender como a crescente expansão dos meios de comunicação muda nossa construção da cultura, da sociedade e, consequentemente, das diferentes práticas sociais. Nessa perspectiva, a midiatização parecia-nos ser usada como um conceito para descrever o processo de expansão dos diferentes meios técnicos e considerar as inter-relações entre a mudança comunicativa dos meios e a mudança sociocultural.

Consoante essas ideias, venho realizando uma série de estudos que, na sua dinâmica, desembocaram na preocupação com o sentido da midiatização.

No final de cada percurso que percorri em minhas pesquisas, encontrei os que chamei de "achados" e "perdidos", sendo estes últimos mais importantes que os primeiros, uma vez que foram eles que deram pistas para o prosseguimento da busca para chegar ao estágio de formulação de uma explicação plausível ao tema da midiatização.

Ao longo dos anos, o tema da midiatização foi se afirmando na sociedade, tanto nacional como internacional, e assim passou a se tornar um objeto fundamental para o trabalho dos pesquisadores que atuam na área da comunicação

Pesquisadores de muitas escolas e das mais variadas regiões, por caminhos diversos e com pontos de partida distintos, arribaram à praia da midiatização como um conceito essencial para a compreensão do que estava acontecendo na comunicação no âmbito da sociedade.

Até então, contudo, os estudos sobre midiatização ocupavam-se com as transformações sociais e culturais nas culturas e sociedades ocidentais. Entretanto, o processo de midiatização também se manifesta e se torna visível noutras partes do mundo, exibindo diferentes dinâmicas e com outras consequências nesses diferentes contextos sociais e culturais[1].

Será que a midiatização constitui um processo global de mudança? Em caso afirmativo, pergunta-se: onde estão localizadas as desigualdades e as dissemelhanças desse processo?[2] Como a midiatização

---

1 Essa realidade pode ser observada nas convulsões que estão abalando o mundo árabe e também as mudanças que ocorrem na China. A abertura para o estudo em outras tradições culturais pode ser observada na publicação *Communication Research Trends*, que publicou um número monográfico (Vol. 31 [2012], n. 1) sobre: Theological and Religious Perspectives on the Internet. Além da Igreja Católica, são estudados o Judaísmo (Jewish Cyber-Theology), o Islamismo (Islam and Islamic Teaching On-line) e o Hinduísmo (Hinduism and the Internet).
2 Tal preocupação aparece nos estudos sobre a economia política da comunicação e também na defesa que se faz do Sul frente ao poder hegemônico do Norte.

não se apresenta da mesma forma para todos e em todos os lugares, seria verossímil creditá-la às diferenças e semelhanças entre as culturas e nações. É fundamental que se considere que diferenças transculturais e transnacionais existem e como compará-las entre si. Aqui há o desafio de realizar um trabalho comparativo para separar os diferentes aspectos da midiatização[3].

Sobre a etimologia da palavra midiatização

Antes de avançarmos no relato das pesquisas conceituais sobre midiatização, julgo conveniente aqui perguntar sobre como esse termo surgiu para descrição da realidade da comunicação e o que, etimologicamente, significa.

À guisa de introdução, constatamos que a palavra midiatização está relacionada ao conceito de mídia, que chegou até nós vindo dos EUA. Trata-se dum neologismo, pois, na sua origem, é apenas o plural de *medium*, termo latino que significa *meio*. Nesse caso, o plural é *media*. Nos EUA, pronuncia-se "mídia" e se difundiu como sinônimo de cada meio em particular. Daí que, na publicidade, fala-se de "mídia impressa", "mídia televisionada", "mídia eletrônica" etc.

Sobre esse assunto, Ciro Marcondes Filho[4] (1948-2020) avalia o termo como importante e decisivo, tendo constatado que é originário da física. Não é ele mesmo percebido, mas permite a percepção, quer dizer, transmite as características de um objeto sem alterá-lo[5]. Todas as modalidades acontecem num suporte, o *medium*. Portanto, muito mais que referido a instrumentos, o *medium* assemelha-se mais com uma ambiência. Essa é a compreensão do termo na física que pode ser, analogicamente, aplicada ao conceito de midiatização.

Concluindo, diz Ciro Marcondes:

---

3 Este é o desafio que se nos apresenta hoje, impondo a necessidade de uma pesquisa comparativa mais abrangente.
4 MARCONDES FILHO, Ciro. "Prefácio à edição brasileira." In: LUHMANN, Niklas. *A realidade dos meios de comunicação*. São Paulo: Paulus, 2005.
5 Idem, p. 8.

Por isso também se faz mister manter o termo "meio", quer dizer, *medium* (e seu plural *media*), por possuir uma ligação visceral com a origem dos processos comunicacionais. Comunicação é isso que viabiliza, que dá suporte, que permite a produção de conteúdos (formas). Ela é "medium" e os diversos suportes comunicacionais, os "media", jamais esse termo inculto, testemunho de nossa indigência intelectual, o desastroso neologismo "mídia".

Então, sublinha Marcondes que os meios de comunicação funcionam como *medium* e se utilizam dos diversos *media*.

Entretanto, a realidade mostra-nos que foi assumido, nos diversos contextos, o termo *mídia* para significar a totalidade dos meios. Por consequência, acredita-se que esse termo deu origem ao conceito de midiatização.

Recuperando historicamente a gênese do conceito, sublinha Schulz, Mazzoleni introduziu o conceito de midiatização, mas não o inventou. O cientista político sueco Kent Asp, apud Schulz, reclama para si a primazia de ter criado o termo *midialização* em 1986, escrita com "l"[6], para chamar a atenção para o crescente poder dos meios de comunicação de massa e a retirada de poder dos atores e instituições políticas. O termo é mais antigo e era usado para descrever o processo de perda de poder dos agentes políticos entre 1802 e 1814[7]. O neologismo midiatização apareceu e se desenvolveu na comunidade científica durante os anos de 1990, principalmente em publicações de autores alemães e escandinavos. Schulz afirma que uma das primeiras contribuições foi de Gianpietro e dele próprio em 1999[8].

Segundo Schulz, o propósito do artigo foi tornar admissível essa palavra de "treze letras". Para isso, primeiro a distinguiram de mediação. Enquanto mediação é um termo neutro, midiatização *denota consequências problemáticas ou concomitantes no desenvolvimento dos modernos meios de comunicação*[9]. Sublinha que midiatização é mais crítica aos outros modelos de dependência da mídia.

---

6 ASP, Kent. "Medialization, media logic and mediarchy. Nordicon Review", 11 (2), p. 47-50.
7 Winfried Schulz. *The end of mediatization*. The International Symposium "*Political communication at crossroads: An Internatio nal Encyclopedia*", Milano, 17 March 2017, p. 2.
8 MAZZOLENI, G.; SCHULZ, W. "Mediatization of politics. A challange for democracy?" *Political Coomunication*, 16 (1999), p. 247-261.
9 Schulz. *The end of communication*, p. 3.

Teilhard de Chardin

Uma visão sistêmica da sociedade, resultado da midiatização da sociedade, já era trabalhada muito antes de sua conceituação. Para sua tematização, voltei aos meados dos anos de 1940 para, de lá, contemplar o que alguns disseram e escreveram sobre a realidade que hoje está atingindo uma dimensão muito importante.

O primeiro que visitamos, o pensador francês Pierre Teillhard de Chardin[10], postula um processo de unificação da humanidade que pode, analogicamente, ser comparado ao processo de midiatização da sociedade. Para ele, a história é um contínuo processo de unificação rumo à planetarização da sociedade.

Wolfe diz que, para Teilhard, "Deus estava dirigindo, nesse exato momento, o século XX, a evolução do homem para a noosfera (...) uma unificação de todos os sistemas nervosos humanos, todas as almas humanas, por meio da tecnologia"[11].

O jesuíta francês menciona o rádio, a televisão e os computadores com detalhes precisos, aludindo à cibernética. Para Teilhard, a tecnologia estava criando um sistema nervoso para a humanidade. Mais ainda, uma membrana única, inteiriça, uma máquina pensante. A era da civilização havia terminado e estava começando a era da civilização unificada[12].

Wolfe identifica a noosfera, a membrana inteiriça com a *rede* inconsútil de McLuhan. Para ele, a civilização unificada não é outra coisa que a aldeia global de pensador canadense. Para Wolfe, Teilhard não considerava as tecnologias como artificiais e exteriores ao corpo humano, mas como parte da evolução do sistema nervoso humano. Ao usá-las, o ser humano não apenas estava se divertindo, desenvolvendo o comércio ou apenas propagando ideias. Na realidade, para ele, a pessoa estava apenas continuando, num plano superior, a obra ininterrupta da evolução biológica. O meio é a mensagem, completa Wolfe[13].

---

10 Pierre Teilhard de Chardin, jesuíta francês, que morreu em 1955, nos Estados Unidos, está na base do pensamento de Herbert Marshall McLuhan. Sua obra seminal é *O fenômeno humano*, publicado em Madrid, pela editora Taurus.
11 Idem, p. 17.
12 Cf. idem, ibidem.
13 Cf. idem, p. 18.

A produção de Teilhard de Chardin é vasta e abrangente. Entretanto, para o que aqui nos interessa, basta-nos o seu livro sobre o futuro do homem. Numa série de conferências publicadas ao longo da década de 1940, Teilhard traça uma linha de reflexão que procura compreender para onde caminha a humanidade, tendo em conta o crescimento populacional e o desenvolvimento científico e tecnológico. Para Teilhard, a superfície limitada da Terra, assim como a multiplicação sobre ela de unidades humanas com capacidade para um raio de ação crescente, é portadora de um fenômeno que pode ser configurado como um contrair-se da humanidade sobre si mesma. Essas unidades humanas são capazes de influenciar-se e interpenetrar-se umas às outras em razão de seu elevado psiquismo. Contribuem para isso os meios de comunicação cada vez mais rápidos[14].

Desse modo, pergunta se essa humanidade, nascida sobre o Planeta e disseminada sobre ele, não estaria formando, pouco a pouco, ao redor de sua matriz terrestre, uma só unidade orgânica maior, fechada sobre si mesma. Seria uma só arquimolécula, hipercomplexa, hipercentrada e hiperconsciente, coextensiva ao astro sobre o qual nasceu[15]. Completa: "O fechamento deste circuito esférico pensante: não será precisamente o que está sucedendo neste momento?"[16].

O questionamento ganha força se considerarmos o imenso desenvolvimento tecnológico dos instrumentos de comunicação, agora potencializados pela realidade digital que envolve o mundo com uma rede planetária.

Creio que é a esse processo cósmico maior que estamos denominando midiatização da sociedade. Isso vem explicitado por Teilhard quando constata que sobre a superfície da Terra as pessoas humanas não só se multiplicam cada vez mais, mas desenvolvem ao seu redor um feixe cada vez mais denso de conexões econômicas e sociais[17].

---

14 Cf. CHARDIN, Pierre Teilhard de. *El Porvenir del Hombre*. Madrid: Taurus, 1962, p. 141. As citações dessa obra têm tradução livre realizada por nós. A análise mais detalhada de sua obra seminal, *O fenômeno humano*, é realizada na obra FAXINA, Elson; GOMES, Pedro Gilberto. *Midiatização. Um novo modo de ser e viver em sociedade*. São Paulo: Paulinas, 2016.
15 Cf. idem, p. 143.
16 Idem, ibidem.
17 Cf. idem, p. 157.

Frente a essa realidade, só lhe resta considerar uma única direção: a unificação sempre crescente, pois, ao mesmo tempo em que a Terra envelhece, mais rápido se contrai sua película vivente[18].

É importante que se retenha o que ele afirma do desenvolvimento de uma rede nervosa que envolve a superfície da Terra: "Ao nosso redor, tangível e materialmente, a envoltura pensante da Terra – a Noosfera – multiplica suas fibras internas, estreita suas redes; e, simultaneamente, se eleva sua temperatura interior, sobe seu psiquismo"[19].

Se levarmos em conta que o pensador francês vincula o desenvolvimento tecnológico ao processo irreversível da evolução, a marcha para uma unificação universal é perene e crescente. Tudo evolui e tudo converge. Contraída sobre si mesma, mercê do aumento populacional sobre uma dimensão limitada da Terra, a humanidade se estrutura num cérebro imenso, um supercérebro[20]. Quanto mais evolução experimenta, mais complexidade acontece. Cada estágio contém um progresso de complexidade.

A pergunta que surge nesse momento é sobre a natureza do processo vivido com o extremo desenvolvimento das tecnologias da informação e da comunicação. As redes sociais, disseminadas pela Terra, não estariam construindo uma rede imensa que envolve todo o planeta? Não estaria aqui uma superorganização da matéria, propondo para a humanidade um novo estágio irreversível do desenvolvimento da vida humana?

Para Teilhard de Chardin, estamos a caminho de um ordenamento planetário da massa e da energia humano que coincide com uma irradiação máxima do pensamento. É uma planetização externa e interna da humanidade para a qual nos encaminhamos sob a crescente pressão dos determinismos sociais[21]. Por isso, constata ser importante que nossos pontos de vista se ampliem para que se considerem a formação atual de mais uma envoltura planetária, a envoltura de substância pensante a que, por comodidade, ele deu o nome de Noosfera. Ela se

---

18 Idem, ibidem.
19 Idem, p. 163.
20 Conforme a expressão feliz de Rosnay, em sua obra *O homem simbiótico*. Petrópolis: Vozes, 1990.
21 Cf. idem, ibidem.

forma a favor dos fatores hominizantes, como uma entidade biológica especial a partir de e por cima da Biosfera[22].
Consoante, afirma:

> Pois bem, no nível da Humanidade, esta lei de desenvolvimento se modifica por um câmbio radical, devido aparentemente ao fenômeno psíquico da reflexão. Psicologicamente (...), o que faz o homem é o poder de revolver-se sobre si mesmo aparecido em sua consciência[23].

Será que essa rede nervosa poderia ser identificada ao que chamamos hoje de midiatização? De modo analógico, pode-se aceitar que a rede de internet, com a televisão e os satélites, configura a unificação planetária pensada por Teilhard, ainda que ele tenha falado desde o ponto de vista da biologia?

Entendo que o processo de midiatização da sociedade desencadeia um dinamismo que faz com que a humanidade se volte sobre si mesma, como um conjunto unificado de consciências.

Teilhard introduz a questão dos meios de comunicação ao afirmar:

> Aqui, naturalmente, penso, em primeiro lugar, na extraordinária rede de comunicações radiofônicas e televisivas que nos ligam a todos, atualmente, numa espécie de coconsciência etérea, antecipando talvez uma sintonização direta dos cérebros mediante as forças ainda desconhecidas da telepatia[24].

Junto com os meios de comunicação, traz à memória o que chama de insidiosa *ascensão* das máquinas de cálculo que vêm aliviar o cérebro humano de um trabalho irritante e exaustivo e aumentar em nós o fator essencial da velocidade do pensamento, preparando uma revolução no campo da pesquisa[25].

Nesse caso, critica severamente os críticos dos meios de comunicação, ao afirmar:

---

22 Cf. idem, p. 193.
23 Idem, p. 195.
24 Idem, ibidem.
25 Cf. idem, ibidem.

> Todos estes progressos, e tanto outros mais, fazem sorrir a certa filosofia. Máquinas comerciais, ouve-se dizer, máquinas para gentes apressadas, para ganhar tempo e dinheiro. Cegos, e mais que cegos, dá vontade de dizer-lhes: como não percebeis que estes instrumentos materiais, inelutavelmente ligados uns aos outros, em sua manifestação e em seu desenvolvimento, não são afinal senão as linhas de uma espécie particular de supercérebro, capaz de elevar-se até dominar algum supercampo no Universo e no pensamento?[26]

Sua conclusão nos remete para a compreensão da midiatização como um novo modo de ser no mundo e um processo de evolução unificada da humanidade.

Com uma velocidade cada vez mais acelerada, vai se tecendo uma rede mundial de laços econômicos e psíquicos que nos encerra e nos penetra cada vez mais. Isso faz com que cada dia seja mais difícil trabalhar e pensar de uma maneira que não seja solidária com outros "pensares"[27]. Pergunta:

> Que significa este abraço multiforme, ao mesmo tempo externo e interno, contra o qual nos debatemos em vão? Será, porventura, que colhidos numa engrenagem cega nos encontremos destinados a perecer afogados sobre nós mesmos? – Não. Porque à medida que o enrolamento aperta e a tensão sobe descobre-se um escape praticável para as forças de supercompressão, dentro do gerador imenso[28].

Deve ficar claro, no entanto, que para a síntese final, como muito já foi mencionado, a humanidade necessita desenvolver algo ainda não desenvolvido, suas forças de simpatia, de amor, para que se possa aflorar alguma forma de telepatia. O destino da noosfera é trabalhado a partir de uma visão metafísica e teológica, fugindo ao escopo do presente trabalho. Aceitando a analogia com o pensamento de Teilhard de Chardin, entramos num ponto de inflexão social e um novo modo que o ser humano possui para posicionar-se no mundo.

---

26 Idem, ibidem.
27 Cf. idem, p. 208-209.
28 Idem, p. 209.

Marshall McLuhan

Outro pensador considerado na pesquisa foi Marshall McLuhan[29]. Examinamos o seu pensamento para tentar encontrar elementos que ajudassem a compreender o fenômeno da midiatização social, que poderia ser encontrado na sua obra sobre os meios de comunicação como representando extensões do ser humano[30].

Já o prefácio do livro traz algumas considerações sobre o estado em que se encontra a humanidade à época – a era da eletricidade, que trouxe novos problemas a serem pensados. Um deles é o da ação que na idade elétrica ganha poder elevado e consigo carrega o problema da angústia, a humanidade encontra-se novamente tribalizada e muitas de suas ações têm efeitos imediatos e globais. Segundo McLuhan, as tecnologias mecânicas eram fragmentárias e ocasionaram uma explosão do mundo, durante três mil anos. Constatava, na época, que o mundo estava implodindo. Enquanto nas idades mecânicas o ser humano projetava o seu corpo no espaço, agora, com a tecnologia elétrica, o que ele projeta é seu próprio sistema nervoso central num abraço global, abolindo o espaço e o tempo. O mundo está se aproximando, segundo o autor à época, rapidamente da fase final das extensões do homem[31]. É a simulação tecnológica da consciência, pela qual o processo criativo do conhecimento se estenderá, como já se fez com nossos sentidos e nossos nervos através de diversos meios e veículo[32]. As extensões, para serem compreendidas, devem ser tomadas no seu conjunto. Qualquer extensão afeta todo o complexo psíquico e social[33]. Constata ele que:

> Na idade mecânica, que agora vai mergulhando no passado, muitas ações podiam ser empreendidas sem maiores preocupações. A lentidão do movimento retardava as reações por consideráveis lapsos de tempo. Hoje, ação e reação ocorrem quase que ao mesmo

---

29 Já tratado em FAXINA; GOMES, op. cit., p. 128-141.
30 MCLUHAN, Marshall. *Os meios de comunicação como extensão do homem*. Rio de Janeiro: Cultrix, 1996. Esta obra tem sua versão original em inglês de 1967.
31 Cf. idem, p. 17.
32 Idem, ibidem.
33 Cf. idem, ibidem.

tempo. Vivemos como que miticamente e integralmente, mas continuamos a pensar dentro dos velhos padrões da idade pré-elétrica e do espaço e tempo fracionados[34].

McLuhan afirma que o meio é a mensagem. Ora, dizer que o meio é a mensagem "apenas significa que as consequências sociais e pessoais de qualquer meio – ou seja, de qualquer uma das extensões de nós mesmos – constituem o resultado do novo escalão introduzido em nossas vidas por uma nova tecnologia ou extensão de nós mesmos".[35]

Não é o uso que se faz de uma máquina que gera os efeitos mais notáveis numa sociedade, mas sim o próprio fato de se usar tal máquina. A técnica da fragmentação, instaurada com a tecnologia da máquina, produziu efeitos nos modos de associação e de trabalho humano, exemplifica o autor. Esclarece, também, que o conteúdo de qualquer meio ou veículo é sempre um outro meio ou veículo[36], o que se assemelha a afirmar que qualquer meio é conteúdo. Usando a luz elétrica como exemplo, sublinha que ela não é percebida como meio de comunicação porque não possui conteúdo. Isso mostra a fragilidade do estudo dos meios e veículo. A luz elétrica somente é percebida como meio de comunicação quando a utilizamos para que a luz que ela produz ilumine o nome de algum produto. Entretanto, o que se nota não é a luz, mas o conteúdo[37].

A mensagem da luz elétrica é como a mensagem da energia elétrica na indústria: totalmente radical, difusa e descentralizada. Embora desligada de seus usos, tanto a luz como a energia elétrica eliminam os fatores de tempo e espaço da associação humana, exatamente como o fazem o rádio, o telégrafo, o telefone e a televisão, criando a participação em profundidade[38].

Tais considerações que afirmam ser o meio a mensagem são muito propícias ao estudo sobre a midiatização. Como já foi dito em outras oportunidades, não se trata mais de um questionamento sobre a utilidade dos meios para a transmissão das mensagens, trata-se, na sociedade contemporânea midiatizada, de uma reflexão sobre os pró-

---

34 Idem, p. 18.
35 Idem, p. 21.
36 Idem, p. 22.
37 Cf. idem, p. 23.
38 Idem, p. 23.

prios meios – os dispositivos tecnológicos – como mensagens e sobre a ambiência em que nos encontramos, permeada por esses dispositivos e suas intervenções.

A invasão tecnológica possui efeitos consideráveis na estruturação da vida humana, pois

> Não estamos mais bem preparados para enfrentar o rádio e a televisão em nosso ambiente letrado do que o nativo de Gana em relação à escrita, que o expulsa de seu mundo tribal coletivo, acuando-o num isolamento individual. Estamos tão sonados em nosso novo mundo elétrico quanto o nativo envolvido por nossa cultura escrita e mecânica[39].

McLuhan traz a ideia dos movimentos de tribalização e destribalização. Quando entra em contato com um meio quente do tipo mecânico, uniforme e repetitivo, uma certa modalidade tradicional de hierarquia feudal entra em decadência. Como meios, tanto o dinheiro, a roda, a escrita ou qualquer forma de aceleração de intercâmbio e de informações fragmentam a estrutura tribal. Por sua vez, uma aceleração rápida, como a que acontece com a eletricidade, restaura ou ajuda a restaurar os padrões tribais de intenso envolvimento. Isso ocorreu na Europa, com a introdução do rádio, ou na América, como resultado da televisão[40].

Além de a população humana aumentar sobre a Terra, ela se dobra sobre si mesma através de seus mecanismos de interação cada vez mais aprimorados, como nos descreve Teilhard de Chardin. É um movimento duplo de acréscimo de gente e concentração, daí a sensação de que a Terra encolhe e fica pequena diante da humanidade.

A sociedade ocidental homogeneizou-se com a alfabetização, simplificou-se, de certa forma, enquanto muitos povos orientais permaneceram no rico e heterogêneo âmbito da oralidade. Nesse caso,

> a perspectiva imediata para o homem ocidental, letrado e fragmentado, ao defrontar-se com a implosão elétrica dentro de sua própria cultura, é a de transformar-se rápida e seguramente numa

---

39 Idem, p. 31.
40 Cf. Idem, p. 41.

criatura profundamente estruturada e complexa, emocionalmente consciente de sua total interdependência em relação ao resto da sociedade humana[41].

Nesse ponto, McLuhan traz outra questão também apresentada por Chardin, ao constatar que o individualismo fragmentado, letrado e visual dificilmente teria lugar numa sociedade que, eletricamente estruturada, implode. A questão é o que se deve fazer[42].

Essa sociedade promove a hibridizações dos meios mais atuais, como se pode constatar pelo exemplo da luz elétrica, que

> acabou com o regime de noite e dia, do exterior e do interior. Mas a energia híbrida é liberada quando a luz se encontra com uma estrutura de organização humana já existente. Os carros podem viajar toda a noite, há as partidas noturnas de beisebol, e os edifícios podem dispensar as janelas. Numa palavra, a mensagem da luz elétrica é a mudança total. É a informação pura, sem qualquer conteúdo que restrinja sua força transformadora e informativa[43].

Voltando à reflexão sobre a hibridização, McLuhan explicita

> que os meios, como extensões de nossos sentidos, estabelecem novos índices relacionais, não apenas entre os nossos sentidos particulares, como também entre si, na medida em que se inter-relacionam. O rádio alterou a forma das estórias noticiosas, bem como a imagem fílmica, com o advento do sonoro. A televisão provocou mudanças drásticas na programação do rádio e na forma das radionovelas[44].

Dentro da visão e dos objetivos da pesquisa, questionei a forma como a internet interfere nos outros meios e de que forma a midiatização, a sociedade em rede, interfere em nossos sentidos particulares.

Podemos interpretar as palavras de McLuhan como favoráveis ao pensamento de que, com a eletricidade, de fato, as tecnologias dão um salto qualitativo em relação às produzidas anteriormente. Devemos nos

---

41 Idem, p. 69.
42 Cf. idem, p. 70.
43 Idem, p. 71.
44 Idem, p. 72.

questionar se a era na qual nos encontramos – a era digital – representa um salto tão potente em relação à eletricidade quanto esta representou com o seu advento.

McLuhan sublinha que as tecnologias são meios para traduzir uma espécie de conhecimento para outra. A tecnologia é explicitação, constata citando Lyman Bryson. Nesse sentido, a tradução é um desvendamento de formas de conhecimento. Desse modo, a mecanização é a tradução da natureza e de nossas próprias naturezas para formas ampliadas e especializadas[45].

Segundo McLuhan, as técnicas anteriores à elétrica eram parciais e fragmentárias, enquanto a elétrica é total e inclusiva. E no trecho seguinte podemos encontrar semelhança com o pensamento chardiniano, quando McLuhan afirma que um consenso ou uma consciência externa se faz agora tão necessário quanto a consciência particular[46].

Ao explicitar a sua visão sobre o que virá, McLuhan levanta a questão da unidade. Depois de traduzir o nosso sistema nervoso central em tecnologia eletromagnética, a ação seguinte será transferir a nossa consciência para o computador, destaca ele. Aventa a possibilidade de se programar a consciência para que não ceda à alienação e ao entorpecimento, ocasionados pela ilusão do mundo do entretenimento[47]. Consequentemente, afirma:

> Se a obra da cidade é o refazimento ou a tradução do homem numa forma mais adequada do que aquela que seus ancestrais nômades realizaram, por que não poderia a tradução, ora em curso, de nossas vidas sob a forma de informação resultar numa só consciência do globo inteiro e da família humana?[48]

Em seguida, McLuhan retoma algumas considerações sobre os efeitos sociais de uma tecnologia, como o do entorpecimento, e aponta para possíveis tratamentos para os sintomas que se apresentam nocivos a nós.

---

45 Cf. idem, p. 76.
46 Idem, p. 78.
47 Cf. idem, p. 81.
48 Idem, ibidem.

> Os novos meios e tecnologias pelos quais nos ampliamos e prolongamos constituem vastas cirurgias coletivas levadas a efeito no corpo social com o mais completo desdém pelos anestésicos. Se as intervenções se impõem, a inevitabilidade de contaminar todo o sistema tem de ser levada em conta. Ao se operar uma sociedade com uma nova tecnologia, a área que sofre a incisão não é a mais afetada. A área da incisão e do impacto fica entorpecida. O sistema inteiro é que muda. O efeito do rádio é visual, o efeito da fotografia é auditivo. Qualquer impacto altera as "ratios" de todos os sentidos. O que procuramos hoje é controlar esses deslocamentos das proporções sensoriais da visão social e psíquica – quando não os evita por completo. Ter a doença sem os seus sintomas é estar imune. Nenhuma sociedade teve um conhecimento suficiente de suas ações a ponto de poder desenvolver uma imunidade contra suas novas extensões ou tecnologias. Hoje começamos a perceber que a arte pode ser capaz de prover uma tal imunidade[49].

Pode-se perguntar sobre os efeitos da internet em nossos sentidos, já que esse é um meio que envolve tanto a audição como a visão. Parece que o olfato, o tato e o paladar são sentidos deixados de lado pelo autor. Talvez por ter a humanidade circunscrito suas tecnologias principalmente entre os sentidos auditivos e visuais.

Por fim, adverte, apontando uma sugestão para conter os efeitos maléficos da tecnologia:

> Quando uma tecnologia de um determinado tempo implica um impulso poderoso numa direção, a sabedoria aconselha opor-lhe um outro impulso. A implosão da energia elétrica em nosso século não pode ser neutralizada pela explosão e pela expansão, mas sim pela descentralização e pela flexibilização de múltiplos centros pequenos[50].

McLuhan dedica-se a analisar cada meio em particular, a começar pela palavra falada, pensando a língua e a linguagem nesta era na qual nos encontramos. A tecnologia elétrica, que projeta sentidos e nervos num abraço global, incide fortemente no futuro da linguagem. Ela ne-

---
49 Idem, p. 84.
50 Idem, p. 91.

cessita tão pouco de palavras quanto o computador digital necessita de números. É a eletricidade que indica o caminho para a extensão do processo de consciência numa escala global e prescindindo de qualquer verbalização. Como um estado de consciência coletiva, tal situação deve ter sido a situação do homem pré-verbal. Evoca o episódio bíblico da Torre de Babel como o configurador da língua como tecnologia de extensão humana, a qual possui poderes de divisão e de separação[51]. Nesse sentido, afirma que

> hoje os computadores parecem prometer os meios de se poder traduzir qualquer língua em qualquer outra, qualquer código em outro código – e instantaneamente. Em suma, o computador, pela tecnologia, anuncia o advento de uma condição pentecostal de compreensão e unidade universais. O próximo passo lógico seria, não mais traduzir, mas superar as línguas através de uma consciência cósmica geral, muito semelhante ao inconsciente coletivo sonhado por Bergson[52].

Relacionado ao conceito de sociedade em rede, apresenta-se o seguinte:

> Um dos aspectos principais da era elétrica é que ela estabelece uma rede global que tem muito do caráter de nosso sistema nervoso central. Nosso sistema nervoso central não é apenas uma rede elétrica; constitui um campo único e unificado da experiência[53].

Ainda sobre a era eletrônica, McLuhan destaca a tendência, hoje, de que haja uma fusão da energia e da produção com a informação e o aprendizado. Nesse caso, o mercado e o consumo tendem a formar um só corpo com o aprendizado, o esclarecimento e a absorção de informação[54]. A era eletrônica, literalmente, é uma era de iluminação[55].

---

51 Cf. idem, p. 98.
52 Idem, ibidem.
53 Idem, p. 390.
54 Cf. idem, p. 393.
55 Idem, ibidem.

Sobre os computadores, McLuhan ressalta que, em sua época,

> eles são altamente especializados, carecendo ainda de muita coisa para o completo processo de inter-relação necessário à consciência. Obviamente, eles podem chegar a simular o processo da consciência, assim como a rede elétrica global já começa a simular as condições de nosso sistema nervoso central. Mas um computador consciente ainda seria uma extensão de nossa consciência[56].

A explosão que hoje a humanidade contempla no mundo das comunicações, das redes sociais e da nanotecnologia está superando em muito as intuições (ou seriam as visões) do pensador canadense.

Essa breve resenha do que pensava Marshall McLuhan traz a emergência de conceitos que ajudam na compreensão do que está acontecendo nos inícios do terceiro milênio com o desenvolvimento da sociedade em redes.

Edgar Morin e a complexidade

Continuando na busca da realidade da midiatização, façamos uma incursão ao mundo da complexidade[57]. Pensar a midiatização da sociedade a partir de uma concepção de complexidade é uma das tarefas atuais da ciência da comunicação.

Primeiramente, seria adequado dar uma olhada no que vem a ser o pensamento complexo e como ele pode se relacionar com os estudos da comunicação, de acordo com Edgar Morin (1921)[58]. O pensador francês realiza uma crítica à ciência moderna que, segundo ele, se pauta pelo paradigma da simplicidade. Este é caracterizado pela disjunção, a redução e a abstração. Muito embora esse paradigma tenha proporcionado sucesso, no século XX seus problemas começaram a se revelar.

Tal paradigma, segundo o autor, não consegue conceber a conjunção do uno e do múltiplo. Quando o faz, é uma unificação abstrata, pois anula a diversidade justaposta sem conceber a unidade. Hoje assiste-se

---

56 Idem, p. 394.
57 Uma síntese desse ponto encontra-se em: FAXINA; GOMES, op. cit., p. 89-116.
58 MORIN, Edgar. *Introdução ao pensamento complexo*. Tradução: Dulce Matos. 4. Ed. Lisboa: Instituto Piaget, 2003. As citações de Morin advêm todas dessa obra.

a uma mutação do conhecimento. Ao mesmo tempo em que o conhecimento está cada vez menos preparado para ser refletido e discutido, cada vez mais está pronto para ser incorporado nas memórias informacionais e manipuladas por poderes anônimos[59].

> A incapacidade de conceber a complexidade da realidade antropossocial na sua microdimensão (o ser individual) e na sua macrodimensão (o conjunto planetário da Humanidade) conduziu a infinitas tragédias e conduz-nos à tragédia suprema[60].

Esclarecidos os problemas do atual paradigma, Morin expõe sua tese, a qual remete à necessidade de um pensamento complexo.

> Mas o que é complexidade? À primeira vista, a complexidade é um tecido (*complexus*: o que é tecido em conjunto) de constituintes heterogêneos inseparavelmente associados: coloca o paradoxo do uno e do múltiplo. Na segunda abordagem, a complexidade é efetivamente o tecido de acontecimentos, ações, interações, retroações, determinações, acasos, que constituem o nosso mundo fenomenal. A complexidade apresenta-se com os traços inquietantes da confusão, do inextricável, da desordem, da ambiguidade, da incerteza. Daí a necessidade, para o conhecimento, de pôr ordem nos fenômenos ao rejeitar a desordem, de afastar o incerto, isto é, de selecionar os elementos de ordem e de certeza, de retirar a ambiguidade, de clarificar, de distinguir, de hierarquizar. Tais operações, necessárias à inteligibilidade, correm o risco de torná-la cega se eliminarem os outros caracteres do *complexus*; e efetivamente, como o indiquei, elas tornaram-nos cegos[61].

O que mais se salienta é precisamente esta característica do *complexus* de conter incertezas e desordens. Deve-se abandonar a pretensão científica de encontrar solução para tudo e tomar consciência dos limites de nosso conhecimento, buscando novas formas de conhecer, que não excluam os princípios de incertezas e desordens. Ao contrário, que saibamos trabalhar com elas, que constituem, assim como a certeza e a ordem, a complexidade do mundo. O mesmo princípio utilizado pelas

---
59 Cf. idem, p. 17.
60 Idem, ibidem.
61 Idem, p. 20.

ciências para banir a complexidade o foi igualmente para trazê-la de volta. O objetivo da física de revelar a ordem impecável do mundo, de desvendar o seu determinismo absoluto e perpétuo, de obedecer a uma lei única e à constituição de uma maneira simples, fez com que a física desembocasse na complexidade do real[62].

> Descobriu-se no universo físico um princípio hemorrágico de degradação e de desordem (segundo princípio da termodinâmica); depois, no suposto lugar da simplicidade física e lógica, descobriu-se a extrema complexidade microfísica; a partícula é não uma pedra primeira, mas uma fronteira sobre uma complexidade talvez inconcebível; o cosmos é não uma máquina perfeita, mas um processo em vias de desintegração e de organização simultâneas[63].

O simples não é mais o fundamento de todas as coisas; caracteriza-se por uma passagem, um momento entre complexidades, a complexidade microfísica e a complexidade macro-cosmo-física[64].

Mas a necessidade de se fazer ciência com estes princípios, ou de se buscar pelo conhecimento complexo, não é algo simples de ser realizado, tampouco rápido.

Morin tem consciência disso, todavia já aponta para algumas ferramentas, caminhos e posições que o cientista pode assumir, como, destacadamente, as teorias dos sistemas e os conceitos de autopoiese, de auto-organização.

Dentre as virtudes sistêmicas entendidas por Morin está a de se situar a um nível transdisciplinar, que permite simultaneamente conceber a unidade da ciência e a diferenciação das ciências, não apenas segundo a natureza material do seu objeto, mas também segundo os tipos e as complexidades dos fenômenos de associação/organização. O organismo vivo, por possuir auto-organização, deve ser estudado em si e em sua relação com o meio. Daí a necessidade de pensar sistemas abertos, os quais pressupõem uma interdependência entre sistema e ecossistema, o que evita a separação e a anulação do sujeito e do objeto.

A complexidade pressupõe novas formas de relação sujeito-objeto.

---

62 Cf. idem, p. 21.
63 Idem, ibidem.
64 Cf. idem, p. 28.

> Se parto do sistema autoeco-organizador e remonto, de complexidade em complexidade, chego finalmente a um sujeito reflexivo que não é outro senão eu próprio que tento pensar a relação sujeito-objeto. E inversamente, se parto deste sujeito reflexivo para encontrar o seu fundamento ou pelo menos a sua origem, encontro a minha sociedade, a história desta sociedade na evolução da humanidade, o homem autoeco-organizador[65].

A relação do sujeito com o mundo e com o objeto faz com que o mundo esteja no interior do espírito humano e este no interior do mundo. Sujeito e objeto constituem-se mutuamente. Não obstante, isso não conduz a uma visão unificadora e harmônica, pois não se pode escapar de um princípio de incerteza generalizada. Há uma interação de perturbação entre o observador e o objeto. Ambos se condicionam mutuamente. O mesmo acontece com as noções de objeto e de sujeito, pois cada uma abre brechas na outra. Só a incerteza ontológica sobre a relação entre sujeito e objeto pode conduzir à decisão ontológica absoluta sobre a realidade do objeto ou a do sujeito. Da relação complexa entre sujeito e objeto emerge uma nova concepção. Ambos devem permanecer abertos. Ou seja, o objeto deve permanecer aberto sobre o sujeito e sobre seu meio que, por sua vez, se abre continuamente para além dos limites do entendimento humano[66].

> Mas esta restrição necessária é um estímulo para o conhecimento. O erro ontológico era ter fechado, quer dizer, petrificado, os conceitos de base da ciência (e da filosofia). É preciso, pelo contrário, abrir a possibilidade de um conhecimento, simultaneamente mais rico e menos seguro[67].

Percebe-se, aqui, a proximidade deste pensamento complexo com o pensamento antigo, no que diz respeito à unidade entre sujeito e objeto, tal como se vê nos escritos platônicos, sob o nome de teoria da participação. É interessante notar como a complexidade retoma, de certa forma, o pensamento da unidade cultivado na Idade Média e já trabalhado pelos filósofos antigos.

---
65 Idem, p. 65.
66 Cf. idem, ibidem.
67 Idem, ibidem.

Não somente no que se refere à relação entre sujeito e objeto, mas também no conceito de *Unitas multiplex*, há uma proximidade entre o pensamento complexo e o da unidade, conhecendo-se a tese antiga de que o Uno contém o múltiplo e vice-versa. É o que podemos perceber quando Morin reivindica a necessidade de ver o múltiplo podendo ser Uno e o Uno podendo ser múltiplo, ou propõe uma dialética entre o pensamento analítico-reducionista e o pensamento da globalidade, ultrapassando as alternativas clássicas[68].

O novo paradigma da complexidade deve conter em si três princípios básicos. O primeiro princípio é o *dialógico*, que propugna a organização da vida. Mesmo colaborando eventualmente, ordem e desordem são inimigas. É o princípio dialógico que nos permite manter a dualidade no seio da unidade[69]. O segundo princípio é o da *recursão organizacional*. Os produtos e os efeitos são simultaneamente causa e produtores do que os produziu. Há um processo de reprodução que nos antecede e do qual somos produtos. Entretanto, esse processo continua e nós, produtos, somos responsáveis por essa continuidade. Isso também é válido sociologicamente. Há uma reciprocidade de interações entre indivíduos e sociedade, pela qual os dois são produtos e produtores num processo de produção mútua[70]. Se não houvesse a sociedade e a sua cultura, uma linguagem, um saber adquirido, não seríamos indivíduos humanos[71]. Isto é, tanto os indivíduos produzem a sociedade como esta os produz. A ideia é de que há uma ruptura com a linearidade causa/efeito, produtor/produto, estrutura/superestrutura. Tudo o que é produzido volta sobre o que produziu, por outras palavras, os indivíduos produzem a sociedade que produz os indivíduos. É um ciclo que se constitui, se organiza e se produz a si mesmo[72]. O terceiro princípio, chamado *hologramático*, nos diz que não apenas a parte está no todo, como esse está na parte, princípio que está tanto no mundo biológico como no mundo sociológico.

---

68 Ampla explanação sobre o Uno e o Múltiplo encontra-se em FAXINA; GOMES, op. cit., p. 71-88.
69 Cf. MORIN, *Introdução ao pensamento complexo*, p. 107.
70 Cf. idem, p. 108.
71 Idem, ibidem.
72 Cf. idem, ibidem.

Tais princípios clarificam a retomada de uma visão mais unitária, estando todos os três contidos nas teorias antigas estudadas no projeto.

O segundo e o terceiro princípios se adéquam muito bem ao estudo da midiatização. A sociedade em rede mostra-nos na prática a recursão organizacional e o princípio hologramático.

Por fim, vale destacar duas observações de Morin: uma sobre a idade de ferro planetária e a outra sobre a importância da migração dos conceitos. A primeira afirma que entramos numa era planetária, em que todas as culturas e todas as civilizações estão numa interconexão permanente. Entretanto, precisa que, apesar das intercomunicações, a sociedade vive um momento de barbárie nas relações entre raças, culturas, etnias, potências, nações e superpotências[73]. Vemos aqui resquícios da idade da angústia identificado por McLuhan ao final dos anos 1960. Com respeito aos conceitos, é importante que eles migrem de uma disciplina para outra. As grandes descobertas são frutos de erro nessa transferência de um campo para o outro[74]. Esse processo requer um cuidado grande para se atentar para a defasagem dos conceitos quando transferidos.

Midiatização e processos sociais segundo alguns pesquisadores

A midiatização como fenômeno ligado aos processos midiáticos, aos poucos, entrou no campo de interesse da academia. Seus pesquisadores e pensadores debruçaram-se sobre ela para, inicialmente, buscar a sua correta semântica, e quem sabe, a partir dela, compreender os próprios processos midiáticos e sua influência no desenvolvimento da sociedade.

Alguns autores apresentam um conceito de midiatização que engloba a mudança de papel dos meios e suas crescentes influências sobre o indivíduo e sobre todas as dimensões da vida. Nessa perspectiva, é

---

73 Idem, p. 172.
74 Cf. idem, p. 170.

questionada a diminuição do papel das autoridades e a aparição valorizada de celebridades que assumem esse papel[75].

No Brasil, o tema da midiatização vem merecendo destaque na pesquisa científica, conquanto, a princípio, houvesse resistência pela maioria dos grupos de pesquisa nacionais. Num primeiro momento, sem mencioná-lo explicitamente, houve o sensível deslocamento para a abordagem via mediação, superando as abordagens setoriais. O passo seguinte deu-se, em 1999, quando da criação do Doutorado no Programa de Pós-Graduação em Ciências da Comunicação da Universidade do Vale do Rio dos Sinos, UNISINOS, em que foi estruturada a área de concentração *Processos Midiáticos*. As reflexões em torno dos processos criaram as condições para que a midiatização se impusesse como objeto de estudo científico em outros programas de pós-graduação no Brasil.

Foi assim que nos primeiros anos deste século começa a se constatar a necessidade de um avanço no processo de pesquisa sobre a midiatização. A realidade estimula para que se procure avançar na consideração dos processos midiáticos na sua vertente de midiatização, tendo em vista que, naqueles anos, graças ao rápido desenvolvimento das tecnologias de comunicação e ao incremento exponencial dos *sites* de relacionamento e das redes sociais, o fenômeno da midiatização se estava constituindo num objeto de investigação científica. Assim, cada vez mais, os pesquisadores da área o elegem como foco de seus estudos. Um primeiro indicador desse deslocamento encontrava-se no fato de que pesquisas importantes sentem a necessidade de referenciá-lo, mesmo quando não explicitam o que compreendem por midiatização. O pesquisador Muniz Sodré[76], em seus estudos sobre midiatização, utiliza o conceito de *bios* midiático, derivado dos três *bios* de Aristóteles, o *bios politikós, bios praktikós, bios theoretikós*. Sodré propõe um *bios* midiático que cria uma dimensão de contato com a sociedade através de uma "máquina semiótica simuladora do mundo"[77]. Esse *bios* envolve nossa forma de ser no mundo, modificando as relações sociais e o modo de fazer político. Todavia, em seu texto é destacado que esse *bios* leva con-

---

75 Cf. Malgorzata Molęda-Zdziech. Médiatisation de la vie publique: introduction à la problématique (retirado da internet).
76 SODRÉ, Muniz. *Antropológica do Espelho*. Petrópolis: Vozes, 2010.
77 Idem, p. 234.

sigo uma forma de ser baseada no modelo consumista norte-americano. Apesar de ser uma nova forma de articulação tecnológica e social, tende a manter relações com a ideologia capitalista.

Os trabalhos de Lucia Santaella e Ciro Marcondes Filho, no Brasil, também avançam no rumo de uma maior compreensão do conceito de midiatização. Eliseo Verón (Argentina), Armando Silva (Colômbia), Jesús Martín-Barbero (Colômbia) realizaram estudos pioneiros que evoluíram e sentaram as bases do processo que colocou a midiatização como um objeto científico de estudos.

No desenvolvimento de seus trabalhos, observam o deslocamento gradativo de uma sociedade dos meios para uma sociedade em midiatização. Na sociedade dos meios, o que se privilegia são os meios nas suas individualidades, observados na condição de dispositivos tecnológicos de comunicação; na sociedade em midiatização, o aspecto preponderante é a visão sistêmica da sociedade e a criação de uma ambiência nova, expressa no que se entende por midiatização.

Os pesquisadores da Linha de Pesquisa Midiatização e Processos Sociais[78], da UNISINOS, conforme dito, vêm desde o início do Doutorado analisando a midiatização, com várias dissertações e teses elaboradas nessa linha. A posição defendida pelos diversos professores da linha de pesquisa Midiatização e Processos Sociais faz-se notar nas teses defendidas pelos alunos sob a orientação desses professores. Não é o caso agora de referenciar cada um dos trabalhos originados na linha.

Assim, entabula-se um diálogo para se chegar a uma fenomenologia da midiatização da sociedade (ou sociedade em midiatização). Por meio desses diálogos, constatamos que o termo midiatização se encontra em múltiplos textos sobre comunicação hoje. Ele aparece em variantes plurais. Tanto se fala em midiatização da sociedade como em sociedade midiatizada ou sociedade em midiatização. Outros traduzem o conceito falando em *bios* midiático, como Muniz Sodré, ou em ambiência, como pesquisadores de comunicação da UNISINOS.

No Brasil, a academia volta-se para uma determinada pesquisa associada à constituição de uma ambiência mais ampla que a mera foca-

---

[78] Antônio Fausto Neto, José Luiz Braga, Jairo Ferreira e Pedro Gilberto Gomes, Programa de Pós-Graduação em Ciências da Comunicação, da Universidade do Vale do Rio dos Sinos, em São Leopoldo, RS.

lização nos dispositivos tecnológicos de comunicação. O conceito, aqui, expressa um *bios* midiático mais abrangente que a análise dos dispositivos tecnológicos. É afirmado que as interrogações centradas num meio individual não permitem a compreensão do todo do processo em vigência. É necessário olhar para mais além, numa perspectiva metamidiática, para perceber a ambiência que se forma com a sociedade da informação.

A preocupação com a midiatização existia também entre pesquisadores na Europa a partir da concepção de novos dispositivos midiáticos. A midiatização acontece quando uma realidade recebe o tratamento dos meios de comunicação.

A relação entre midiatização e produção de sentido está sendo trabalhada tanto na França como na Argentina, ganhando relevância a constatação de que os processos midiáticos são fundamentais para a produção de sentido social.

O pesquisador brasileiro, por sua vez, estuda o tema na perspectiva da ambiência, dos processos e das práticas sociais. Sua preocupação é constituída pelos aspectos teóricos da midiatização como entorno comunicativo, seguindo a tendência que se observa na América Latina.

Outra dimensão do conceito é trabalhada no mundo anglo-saxão e na América Latina, cuja abordagem acontece a partir dos estudos culturais.

O que se pode depreender é o surgimento desses conceitos num momento de transição (superação?), tanto dos paradigmas funcionalistas como dos postulados críticos da Escola de Frankfurt. O primeiro conceito que indicava esta transição foi trabalhado por Jesús Martín-Barbero: a mediação[79].

Não obstante a linha condutora do tratamento da midiatização na academia, a realidade não expressa uma univocidade do conceito. Ao contrário, os diversos continentes midiáticos aproximam-se dele com vozes e perspectivas distintas. Cada grupo, ao utilizar o conceito, o toma de uma maneira peculiar e com diversas significações, muito embora elas, na maioria das vezes, escondam-se subliminarmente nas reflexões realizadas. Há um pré-dado que informa e guia tanto a utilização como a compreensão do conceito.

---

79 Seu livro basilar foi publicado no Brasil: *Dos meios às mediações*. Rio de Janeiro: Editora da UFRJ, 1997.

É importante sublinhar que equivocidade não reside no conceito, como algo constitutivo dele. Pelo contrário, o que há é uma perspectiva distinta, de acordo com a realidade e o interesse de quem o utiliza. Inclinamo-nos, aqui, para dizer que existe uma multivocidade. Isto é, muitas vozes para um mesmo conceito.

Retomando em forma de síntese, aceitamos a visão de Marques de Melo para quem houve

> O rompimento da barreira que havia circunscrito os pesquisadores dessa área aos padrões conservadores do funcionalismo norte-americano ou à crítica radical, mas politicamente não engajada da Escola de Frankfurt. O referencial marxista é descoberto pelos estudiosos de comunicação (...). Outro filão que empolga os analistas dos fenômenos comunicacionais é o socialismo cristão embebido na teologia da libertação, donde a influência que passa a exercer: Paulo Freire, Gustavo Gutierrez e Leonardo Boff[80].

A tentativa de realizar essa superação aconteceu com a aproximação com o pensamento de Jesús Martín-Barbero, com o seu conceito de mediação, expressa em seu livro *Dos meios às mediações*, muito embora somente tenha sido traduzido no Brasil dez anos depois de sua publicação. As ideias de Barbero foram trabalhadas e disseminadas também pelo mexicano Orozco Gómez. Ao trabalhar com o conceito de mediação, nos seus diversos níveis (individual, situacional, social e videotecnológico), Barbero ajuda a superar tanto os postulados do funcionalismo clássico norte-americano como os da Teoria Crítica da Escola de Frankfurt. A reflexão evoluiu para, no final dos anos de 1990, centrar-se nos processos midiáticos que desembocaram no conceito de midiatização.

Aqui começa a se impor a necessidade de um avanço no processo de pesquisa sobre a midiatização. Os questionamentos colocados pela realidade apontam para que se caminhe na consideração dos processos midiáticos na sua vertente de midiatização, tendo em vista que, nestes últimos anos, graças ao rápido desenvolvimento das tecnologias de comunicação e o incremento exponencial dos *sites* de relacionamento e das redes sociais, o fenômeno da midiatização vem se constituindo num objeto científico de referência.

---

80 MARQUES DE MELO, José. "Panorama Brasileiro da Pesquisa em Comunicação." In: Comunicação: Direito à Informação. Campinas: Papirus, 1986, p. 111-117.

Cada vez mais os pesquisadores da área da comunicação o vêm elegendo como objeto de seus estudos e focos de suas preocupações. Um dos primeiros indicadores desse deslocamento encontra-se no fato de que pesquisas importantes sentem a necessidade de referenciá-lo, mesmo quando não explicitam o que compreendem por este conceito, tais como Muniz Sodré.

A questão a ser colocada é: Sodré levou até as últimas consequências afirmar existir outro *bios* fruto da comunicação e tecnologia atual? Analisando a influência desse "novo *bios*" na sociedade, Sodré parece expressar uma visão crítica do fenômeno da mídia, mostrando seu carácter ideológico e voltado ao consumo. Não discordando da sua crítica, mas as discutindo, devemos pensar que vivemos em uma sociedade capitalista e o modo de produção faz a superestrutura (ideologia) girar em torno dos interesses da classe dominante (donos do modo de produção, ou seja, empresas que detêm o poder sobre a fabricação dos produtos). Talvez em outro modelo econômico possamos usar esses aparatos técnicos de outra maneira, todavia, não podemos negar que essas tecnologias influenciaram nossas vidas de forma qualitativa, assim como a imprensa de Gutenberg.

A segunda questão parece ser problematizada no texto de Abel Reis sobre o dito por Sodré. Definindo o conceito do *bios* midiático chega-se às seguintes formulações: primeiro, uma nova forma de ser no mundo, que, todavia, leva a uma aproximação com o modelo social norte-americano; segundo, cria uma visão virtual do mundo, logo, uma falsa concepção do mundo; "O *bios* midiático opera a partir das mesmas estratégias das ideologias, a saber: promovendo e naturalizando crenças, fabricando realidades (EAGLETON, p. 19), ordenando o imaginário social e produzindo silêncios (CHAUI, 2004, p. 175), (EAGLETON, p. 125)".[81] Visando tudo isso a tornar clara a proximidade do conceito de *bios* virtual com o de ideologia, apesar de Sodré não aplicar especificamente esse termo. Por outro lado, pode-se averiguar o *bios* midiático em relação às outras esferas de atuação da vida social, segundo o pensamento de Aristóteles. Perceber que existe uma nova forma de ser no mundo, um novo *bios,* leva-nos a pensar como ele age em relação aos outros.

---

81 REIS, Abel. "Problematizando o conceito de midiatização". In: *Semiótica*. Porto Alegre: FAMECOS/PUCRS, 2006, p. 78.

Aqui começa-se a dar uma guinada na pesquisa, a qual está associada à constituição de uma ambiência mais ampla que a mera focalização nos dispositivos tecnológicos de comunicação, isto é, o conceito abrangerá mais do que a simples análise dos dispositivos tecnológicos. As interrogações concentradas sobre um único meio não permitem a compreensão do todo do processo, pois é indispensável uma visão metamidiática para a percepção da ambiência configurada na atual sociedade da informação.

Como em qualquer outra área do conhecimento, os pesquisadores da linha Midiatização e Processos Sociais podem por muitas vezes apresentar linhas de estudo divergentes, porém cada pesquisa por eles desenvolvida se complementa e aponta para um mesmo objeto central: a midiatização. Desenvolvem suas pesquisas acerca de conceitos que lhes parecem fundamentais na compreensão desse fenômeno, e o objeto central comum a eles se desdobra em objetos específicos: circulação, dispositivos midiáticos, circuitos e dispositivos interacionais, imagens-totens e ambiência.

Com isso, os pesquisadores convergem em vários pontos acerca do que vem a ser a *midiatização*, entre eles:

1. é um processo social;
2. não é sinônimo de uso de tecnologias;
3. é fenômeno em processo que está acontecendo, não é um conceito fechado e finalizado, pois a sociedade em vias de midiatização não nos possibilita todas as respostas, justamente por estar em processo. As pesquisas estão sendo realizadas enquanto os processos se desenvolvem;
4. não nega a sociedade dos meios: reconhecem os estudos desenvolvidos até o momento e suas contribuições para as atuais pesquisas sobre midiatização. Não se sabe ao certo o momento de ruptura da sociedade dos meios para uma sociedade em vias de midiatização. Em algumas realidades pode-se inferir que ainda exista a sociedade dos meios;
5. é ponto de convergência a todas as pesquisas.

O conceito de midiatização, segundo os autores da linha de pesquisa – Midiatização e Processos Sociais –, se constrói a partir de aspectos da realidade social contemporânea, ou seja, a midiatização não é caracterizada, conforme já dito, pela existência da técnica por si só, mas a finalidade dada a ela pela sociedade, como e o que ela faz com o aparato tecnológico.

As abordagens são distintas e expressam a preocupação dos professores da linha quanto à melhor maneira de tematizar o conceito e a realidade da midiatização. Nesse sentido, esses pesquisadores desvelam a sua preocupação buscando responder quais as perguntas que não podem ser elididas na produção de conhecimento em comunicação[82].

José Luiz Braga estuda aquilo que é transformado pela comunicação[83]. Portanto, é a dimensão transformadora da comunicação que move a busca de Braga, que está expressa no texto. Uma proposta heurística de observação das transformações acionadas pela comunicação e que deve ser produtiva para o conhecimento da área. O autor entende que as sociedades se encontram hoje, dada a midiatização crescente do ambiente social, em fase de experimentação de processos.

Segundo Braga, já superamos há tempo a perspectiva da teoria matemática da informação, muitas vezes confundida com a comunicação.

Braga constata que os estudos de recepção de Barbero trabalham as modificações culturalmente impostas às mensagens midiáticas. Um receptor antes assumido como passivo passa agora a ter uma ação positiva na recepção das mensagens midiáticas.

Fausto (2010) afirma que a diferença entre as lógicas de processos de produção e de recepção de mensagens é o que passa a fazer parte das pesquisas da comunicação. Para Braga, isso corresponde a que, perante os "códigos" da mídia, os receptores comparecem reinterpretando as mensagens, e não simplesmente as decodificando.

De modo difuso, o "código" ainda circula entre nós. Se os códigos não se articulam de alguma forma, a comunicação é colocada em risco. Assim, Braga diz o que pensa a respeito de Verón (2004, p. 219): é o contrato de leitura que cria o vínculo entre o suporte e o leitor.

No que se refere às interações nas mídias, produtores e usuários, acionadores das redes sociais e a sociedade que critica a sua mídia devem dominar algo a mais que regras e gramáticas. Essa relação entre

---

82 BRAGA, José Luiz et al. *Dez perguntas para a produção de conhecimento em comunicação*. São Leopoldo: UNISINOS, 2013.
83 Idem, capítulo 10: *O que a comunicação transforma?*, p. 156-171.

códigos e inferências Braga (2010; 2011; 2012) tem trabalhado de forma heurística, mediante estudos sobre os dispositivos interacionais.

Braga vai além quando diz perceber que, revendo seus artigos, pouco tem refletido sobre noção de código e que sem conceituá-lo parece situar a comunicação ocupando todo espaço dos dispositivos interacionais.

Sua reflexão é sobre aquilo que desejamos dizer quando nos referimos ao código. A palavra código remete, em primeiro lugar, a sistemas de transposição, de criptografia. Mais correntemente, código pode se referir a um sistema de regras que, acionado pelos participantes de uma interação, estabelece possibilidades de entendimento, gerando uma potencialidade de ação comum entre eles. Para a interação entre participantes, obedecemos a padrões ou ainda acionamos práticas que desenvolvemos nas interações da experiência vivida[84].

Braga assinalou que a noção de código, como base compartilhada prévia sobre a qual se desenvolve o processo comunicacional, deve ser tomada em perspectiva mais alargada que o habitual. Mesmo que decidamos usar a palavra código para esse conjunto variado, ou mesmo dar maior importância como merecedor do rótulo aos elementos regrados, o que não se pode recusar é a presença conjunta, em cada episódio comunicacional, em todo dispositivo interacional, de uma pluralidade de elementos previamente compartilhados, que compareçam de um modo mais ou menos articulado[85].

No entanto, para explicar o fenômeno da midiatização, o código não é suficiente. É preciso superar o dualismo entre códigos e inferências. Como sistema abstrato descritível por meio da enumeração de suas regras, um dispositivo interacional não é um código[86].

Desse modo, segundo Braga, para o conhecimento da área da comunicação, será sempre pertinente investigar o que está sendo transformado nos processos comunicacionais observados[87].

---

84 Idem, p. 160.
85 Idem, p. 163.
86 Idem, p. 168.
87 Idem, p. 171.

O questionamento sobre como as linguagens afetam e são afetadas na sua circulação preside a reflexão de Antônio Fausto Neto em seu artigo sobre circulação de linguagens[88]. Seu texto está organizado em três fases:

1. a que oferece uma visão de como as pesquisas iniciais tratavam e conceituavam linguagem e circulação – noções que partiram das ciências sociais, sobretudo de uma inspiração funcionalista;
2. a que deixa explícita a importância da circulação como objeto que motiva o pensamento comunicacional na passagem das sociedades dos meios para a sociedade em vias de midiatização;
3. e a que oferece exemplos que comprovam a dinâmica de processos que envolvem o tema exposto, sendo a circulação da linguagem o eixo principal, mostrando este lugar como algo complexo e descontínuo.

Baseando-se em Verón e Boutaud, afirma que, se o enunciador se fizesse entender claramente, a pergunta *"para que serve a linguagem?"* estaria bem respondida. Ela seria um instrumento para comunicar, para falar alguma coisa para alguém com uma expectativa de cooperação previamente estabelecida entre emissor e receptor.

A resposta àquela pergunta confirmaria apenas o lado do emissor, atribuindo sentidos apenas para o sujeito falante, não se pensando na gama de efeitos e dimensões proporcionados pela emissão num outro lugar[89].

Mais adiante, pesquisas na área irão mostrar que a linguagem vai além dessa perspectiva devido à complexidade de sua natureza que é a de produção de sentidos.

Fausto Neto cita Culioli[90] explicando que nas relações de interação não há controle, equilíbrio e linearidade, principalmente enquanto se constitui num processo de elaboração atribuído especificamente ao emissor. O discurso não é controlado pelo sujeito, assim como os efeitos que poderia ter sobre o interlocutor.

---

[88] FAUSTO NETO, Antônio. "Como as linguagens afetam e são afetadas na circulação?" In: BRAGA et al. *Dez perguntas...*, Capítulo 3, p. 43-64.
[89] Cf. idem, p. 44.
[90] Idem, p. 45.

Hoje, sabe-se que a linguagem se realiza entre relações articuladas por produção e recepção. Não há linearidade, a produção de sentidos se dá a partir de inúmeras construções subjetivas, a partir de níveis culturais e de conhecimento do receptor.

Constata que, por muito tempo considerada como uma zona automática, a circulação foi ignorada nos estudos de comunicação. Essa zona, segundo Fausto Neto, em que ocorria o fluxo entre produção e recepção, era entendida como um lugar de passagem automática.

A sociedade em vias de midiatização veio problematizar esse *status* quando o tema dos efeitos é trazido à tona em decorrência das tecnologias. Na teoria funcionalista, a tecnologia era observada como algo instalado na circulação, ou seja, fazia parte daquela zona automática, uma região que não instigaria atenção.

Quando o tema dos efeitos é levantado em decorrência da tecnologia, esta passa a ser dotada de uma função que desenvolveria ações a serviço do emissor e os efeitos gerariam uma assimetria dos contatos entre produção e recepção. Essa maneira de pensar ainda se manteve como uma zona de passagem.

Na passagem de uma sociedade dos meios para uma sociedade em vias de midiatização, a circulação transforma-se em geradora de acoplamentos. Outras pesquisas apontaram descontinuidades e contrastes nas relações entre produção e recepção. Foram observados "desajustes e intervalos" atribuídos à circulação. A descontinuidade observada na circulação é associada ao conceito de "ruído" na perspectiva funcionalista.

Para visões não funcionalistas, a assimetria no intercâmbio entre produção e recepção não seria resultado de defasagem por conta da produção, mas um elemento que faz parte da estrutura da comunicação: a não linearidade supera a afirmação de que, no processo de elaboração da significação, a atribuição de sentido seria somente do emissor. O emissor não tem controle do próprio discurso e não pode exercer controle sobre os efeitos junto ao seu interlocutor. A circulação passa a ser pensada como uma das principais fontes da complexidade social[91].

Na circulação discursiva, uma pluralidade de leituras faz da recepção uma gramática de reconhecimento.

---

91 Idem, p. 47.

Fausto Neto explica a circulação em três momentos distintos[92]:

a) nas relações interpessoais: em que as interações são assimétricas;
b) na sociedade dos meios: se manifesta mediante processos de não equilíbrio e indeterminação, em que a técnica é convertida em meio e se apresenta como elemento de interposição, atenuando a distância entre produção e recepção;
c) na sociedade em vias de midiatização: onde a interação é acentuada. A técnica aproxima os polos produtores e receptores derivando novas relações sociotécnicas em que todos falam para todos. Surgem conexões que fazem produção e recepção entrarem no que Fausto Neto chama de zonas de pregnâncias.

A zona de pregnância, tema já desenvolvido pelo autor em 2009[93], é o lugar em que os processos tomam forma, repercutem e reformulam a enunciação, instaurando novas fronteiras e relações entre esses enunciados com os do mundo externo.

A circulação desponta em um novo cenário: a informação não é difundida apenas pelas mãos de poucos atores, mas torna-se susceptível de ser emitida por qualquer ponto do sistema em que linguagem e circulação se articulam para engendrar a dinamização das estruturas em processos.

No contexto da midiatização, a circulação seria uma estrutura que une e põe em movimento práticas tecnodiscursivas, constituindo-se em fonte na dinâmica dos processos de uma nova complexidade comunicacional.

Faz parte da explanação de Fausto Neto a reflexão sobre a linguagem e a circulação em processos de acoplagens[94]. Nesse texto, a produção do discurso se efetiva no midiático.

A enunciação, que tem como fim fazer sair/mover o dizível para se tornar dito, remonta à potencialidade do dizível, pois é quem faz a pas-

---
92 Idem, p 48.
93 Idem, p. 48-49. Ver também FAUSTO NETO, A. In: VELÁZQUES, T. *De Signis 13*. Buenos Aires: La Crujía, 2009, p. 108.
94 Idem, p. 49.

sagem de um nível ao outro. Ela mostra, traz à tona, desvela, revela. A linguagem, portanto, por suas especificidades, possibilita, pelo menos, duas operações[95]:

a) exteriorizar o dizível num formato (dá forma ao que pode ser dito mediante expressões conectadas a lógicas e gramáticas);
b) transformar-se em atividade geradora de discursividade em determinado processo circulatório.

A passagem do dizível ao dito, que é tomada como complexa, envolve o "protagonismo" da linguagem e da circulação mediante operações de afetações e acoplamentos. Sustenta sua afirmação fazendo uso de exemplos de pesquisas realizadas no âmbito da comunicação, a partir de fatos que ocorreram na esfera midiática, demonstrando nesses observáveis de origem empírica o trajeto da midiatização. A circulação é apresentada por Fausto Neto como uma "zona mediadora" e como referência para se compreender as relações dos meios com a sociedade[96].

Traz-nos ainda o problema da relação "jornalista e linguagem", em que a linguagem seria aquilo que constrói o trabalho enunciativo do jornalista; e o discurso jornalístico trata a linguagem como algo de que lança mão.

Fausto Neto, numa viagem histórica, mergulha nos questionamentos sobre a circulação[97]. Constata que no final da década de 1970 começam a aparecer entre os pesquisadores preocupações em torno da circulação. São observadas as diferenças entre condições de produção e de reconhecimento. Recorre a Verón, que, em 1978, publicou artigo em que apresenta questionamentos sobre um processo que poderia se chamar de midiatização[98]. A circulação é vista como um intervalo entre a produção e o reconhecimento. A distância entre estes polos fazia lembrar o trabalho da circulação. A noção de intervalo é o que produziria os desajustes

---

[95] Idem, 49-50.
[96] Idem, 50-51. Cita o exemplo do porta-voz no caso de doença e morte de Tancredo Neves. O perito (jornalista/assessor de imprensa) se fazia presente mediando campo político e falando somente o que este campo lhe autorizava. A linguagem aciona a enunciação do lugar político, mas é legitimada através do campo jornalístico.
[97] Idem, p. 52 ss.
[98] Ele explica isso no texto "Semioses de la mediatización", produzido para conferência internacional.

nas interações. O sentido estaria na atividade produtiva que lhe dá forma (produção) e na expectativa de uma tarefa em reconhecê-la (recepção).

Fausto Neto analisa a passagem da articulação à apropriação[99]. No final do século XX, as análises sobre manifestações discursivas procuram respostas para a produção de vínculos entre recepção e produção, instâncias separadas pela circulação – enquanto noção de intervalo, a causa da defasagem, dos desajustes – na medida em que esses discursos são provenientes de diferentes lugares.

As operações questionadas são examinadas a partir do conceito de contrato de leitura, entendido como espaço em que o leitor tem a liberdade de escolher que caminho seguir, aceitar ou rejeitar os discursos.

A partir das análises do contrato de leitura, também foram buscadas referências que demonstrem que um discurso não produz apenas um, mas a possibilidade de diversos efeitos, ainda conhecidos.

O resultado foi constatar que a distância entre produção e recepção não é reduzida, mas que há deslocamentos da recepção, novas posturas de leitor[100]. A questão dos efeitos de sentidos permanece aberta, pois se manifestam sem necessariamente responder a expectativas ou presunções por parte da produção. Mas a circulação alcança outro *status*, adquirindo outra dimensão naqueles estudos, em decorrência de sua descontinuidade. Por outra perspectiva, é vista como uma articulação complexa entre as propriedades do discurso proposto e as estratégias de sua apropriação por parte da recepção. A linguagem passa a ser vista como instância que organiza o trabalho enunciativo dos sujeitos em produção e em recepção[101].

O texto apresenta inúmeros exemplos em torno da circulação como articulação midiática em diferentes campos sociais. As relações entre o campo midiático e o religioso, quando, através de tele-emissões religiosas, resultado de pesquisa mostra que suas relações com os programas não alteraram (nem alterariam) as convicções de fé. De outro lado, a circulação assume a situação de lugar de embates[102].

---

99 Idem, p. 53.
100 Idem, p. 54.
101 Idem, p. 55.
102 Idem, p. 56.

Complexificando a circulação, Fausto Neto analisa suas estratégias de dissoluções e embates. A circulação é uma zona que afeta as estruturas dos campos sociais e as relações entre eles, isto é, como determinados campos sociais fazem uso das lógicas da mídia. Quando certos campos fazem seus discursos de forma direta, usando lógicas midiáticas, enfraquecem, debilitam a mediação midiática, pois o outro campo passa a impor suas regras.

Fausto Neto conclui sua análise afirmado que na midiatização, linguagem e circulação complexificam condições de produção e processos interacionais, pois campos e atores sociais passam a operar os processos comunicacionais.

Desse modo, para Fausto Neto, a midiatização pode ser entendida como um processo interacional de referência. Ela é referência. Por sua vez, as tecnologias convertidas em meios e linguagens produzem novos sentidos, novas formas de interação.

Outro autor que tem a midiatização no seu horizonte é Jairo Ferreira[103]. Sua pergunta se dirige aos dispositivos e à circulação como objetos na perspectiva da midiatização. O artigo está organizado em três níveis de proposições e questionamentos: 1) mais abstrato, sobre o que é circulação; 2) concretização intermediária – os dispositivos midiáticos como operadores e lugares de inscrição socioantropológicos, semiodiscursivos e tecnotecnológicos; 3) concretização descritiva e interface epistemológica sobre incidências da circulação nas instituições midiáticas, não midiáticas e indivíduos.

Para ele,

> estudar a circulação é produzir inferências possíveis sobre valores (des)construídos socialmente a partir de usos e práticas relacionáveis às interações com dispositivos midiáticos, adotando como referência preliminar o campo observacional construído por materialidades difusas e distribuídas[104].

Afirma que a circulação não é a distribuição, visto ser essa uma derivada da circulação. Segundo Ferreira, desde 2007 observa-se a re-

---

103 FERREIRA, Jairo. "Como a circulação direciona os dispositivos, indivíduos e instituições?" In: BRAGA et al. *Dez perguntas...*, cap. 9, p. 140-155.
104 Idem, p. 142.

produção parcial ou total de conteúdos em *sites* de diversas instituições (midiáticas e não midiáticas) e agentes sociais individuais. Como enfrentar esse campo observacional em termos teóricos e metodológicos na perspectiva da circulação?

A midiatização é o campo de estudo de referência para essa pergunta. A circulação, portanto, é um problema investigável na distribuição intra e intermidiática. Ela é uma problemática que se destaca nas relações entre processos intermidiáticos (entre dispositivos) e intramidiáticos (no âmago do dispositivo).

Nos processos midiáticos em redes digitais *on-line* há uma nova relação entre consumo e produção. A circulação é objeto emergente. Apresenta o conceito de recepção produtiva ou produção consumidora como chave do próprio conceito de midiatização.

A circulação é abstrata. O dispositivo não é o meio nem mensagem. Num ambiente de incerteza teórico-metodológica, a pesquisa sobre os dispositivos na perspectiva da circulação/midiatização é produtora de proposições e novos questionamentos. A inscrição dos processos socioantropológicos nos dispositivos midiáticos produz novos usos, práticas e interações sociais midiatizadas[105].

Ao tratar das incidências da circulação sobre as instituições e os indivíduos, Jairo afirma que se observa uma forte conservação de valores como base dos processos de distribuição difusa deferida na primeira fase das redes em que as instituições midiáticas e não midiáticas passam a ocupar espaço das redes digitais. Os movimentos da midiatização devem ser buscados nas investigações empíricas. Atualmente, Jairo dirige a sua pesquisa para incorporar os algoritmos na relação com a midiatização.

Um conceito caro à pesquisadora Ana Paula da Rosa[106] é o de imagens-totens,[107] conceito esse apresentado em sua tese de doutorado e que segue sendo seu objeto de estudos relacionado ao conceito de midiatização.

---

105 Idem, p. 148.
106 Doutora em Ciências da Comunicação pela Universidade do Vale do Rio dos Sinos (UNISINOS). Atualmente é professora e pesquisadora no Programa de Pós-Graduação em Ciências da Comunicação da UNISINOS – Linha de Pesquisa Midiatização e Processos Sociais.
107 ROSA, Ana Paula da. "Imagens-totens em permanência x tentativas midiáticas de rupturas." In: ARAUJO, Denize Correa; CONTRERA, Malena Segura (orgs.). *Teorias da imagem e do imaginário*. 1. ed. Brasília: Compós, 2014, v. 1, p. 3-368.

Considero que imagens-totens configuram, igualmente, um tema transversal. Desse modo, seu pensamento será tratado mais adiante[108].

O grupo de pesquisadores midiáticos argentino

Na Argentina há um grupo na Universidade Nacional de Rosário[109] que desenvolve pesquisa e realiza encontros sobre a realidade da midiatização na sociedade.

Antes de analisar mais detidamente esse grupo, é importante que se faça referência ao pesquisador argentino Eliseo Verón (1935-2014), já citado *en passant*, antes. Ele foi e continuará sendo o mestre de todos aqueles que nutrem interesse no processo de midiatização, muito embora tenha sido semiólogo. Foi o primeiro a falar de midiatização no continente.

Eliseo Verón[110] aborda a teoria da midiatização a partir de uma perspectiva socioantropológica. Afirma que a midiatização designa não só um processo moderno, basicamente desenvolvido no século XX, mas um processo histórico de longo prazo resultante da capacidade de semiose do *Homo sapiens*. O fenômeno midiático é definido como a exteriorização-materialização dos processos mentais na forma de um dispositivo técnico, aparecendo a midiatização como a sequência histórica. Os momentos cruciais dessa história – a escrita, o surgimento do livro, a impressão, a fotografia, permitindo a construção de sons e imagens – têm três características em comum: produzem efeitos radiais, que afetam todos os níveis de funcionamento social; são processos não lineares, longe do equilíbrio; e "aceleram" o tempo histórico. O caso do surgimento da escrita é brevemente discutido como um exemplo[111]. Fenômenos midiáticos mostram, por toda a história humana, diferentes

---

108 Cf. Infra, capítulo 5.
109 Aglutinado no CIM – Centro de Investigaciones en Mediatizaciones. Sobre isso voltaremos mais tarde. VERÓN, Eliseo. "Mediatization theory: A semio-anthropological perspective." In: LUNDBY, Knut et al. *Mediatization of Communication*. Coleção Handbooks of Communication Science, n. 21 (july 14, 2014). Berlin: De Gruyter Mouton, 2014, p. 163-173.
110 Doutor em Sociologia pela Universidade de Belgrano e professor consultor da Universidade de Buenos Aires.
111 Considero que a invenção da escrita foi o primeiro grande salto quântico na história humana. Depois dela, a humanidade não foi mais a mesma.

modalidades de alteração de espaço e/ou tempo de escalas, que são o núcleo da midiatização. O problema central para a investigação futura sobre midiatização é conceituar adequadamente a tensão interminável entre os sistemas socioindividuais autopoiético dos atores e os múltiplos fenômenos midiáticos que operam em seu ambiente dos sistemas sociais e subsistemas.

Buscando pontos de convergência entre autores, podemos inferir que os principais autores argentinos teriam uma mesma "vertente teórica", ou seja, a maioria deles faz referência aos estudos de Eliseo Verón, ou seja, uma geração de pesquisadores formada por ele.

Voltemos agora ao grupo argentino de pesquisas midiáticas. É importante o destaque dado ao Centro de Investigaciones en Mediatizaciones (CIM), da Faculdade de Ciência Política e Relações Internacionais – Universidade de Rosário. Seu objetivo é integrar, promover, desenvolver e coordenar atividades de investigações sobre a midiatização a partir de uma perspectiva interdisciplinar, articulando as abordagens de estudos de comunicação, cultura, os sócios semióticos e disciplinas relacionadas, garantindo o respeito à pluralidade de abordagens teóricas e metodológicas. Nesse grupo, encontramos, entre outros, os seguintes pesquisadores: Mario Carlon[112], Gaston Cingolani[113], Eduardo Vizer[114], Sandra Valdettaro[115] e Oscar Traversa[116].

O ponto comum entre os escritos desses autores está no uso do conceito de circulação, conceito este que traz marcas de uma sociedade em vias de midiatização[117].

---

112 Doutor em Ciências Sociais, pela Universidad de Buenos Aires e licenciado em Artes pela Faculdade de Jornalismo e Comunicação Social (UNLP) e pesquisador do Instituto Gino Germani, da Argentina.
113 Professor do Programa de Pós-Graduação em Comunicação, Semiótica e Meios, na Área Transdepartamental de Crítica de Artes, no Instituto Universitário Nacional de Arte (IUNA), na Faculdade de Jornalismo e Comunicação Social (UNLP).
114 Doutor em Sociologia pela Universidade de Belgrano e professor consultor da Universidade de Buenos Aires.
115 Professora da Universidade Nacional de Rosário, Argentina.
116 Professor consultor da Faculdade de Filosofia e Letras da Universidade de Buenos Aires, diretor do Instituto de Investigação e Experimentação em Arte e Crítica de Artes, no Instituto Universitário Nacional de Arte.
117 Como vimos anteriormente, um conceito caro ao brasileiro Antônio Fausto Neto e ao grupo da linha de pesquisa Mídias e Processos Sociais, do Programa de Pós-Graduação em Ciências da Comunicação, da UNISINOS.

Gaston Cingolani[118] descreve a midiatização como um processo de transformação de sentido a partir de determinada organização material, transformação que, segundo o autor, é o que Luhmann (1995) já sugeria como a emergência de uma comunicação envolvendo dois processos ou duas instâncias de processos associados e produção de sentido. É o que Verón (1988) chamou de produção e reconhecimento e, em sentido similar, Luhmann chamou de enunciação e entendimento. Cingolani afirma que a transformação da midiatização é o que possibilita a produção-e-reconhecimento de sentido, graças a saltos espaciais, temporais e intersubjetivos, que de outra maneira não se haviam produzido.

Segundo Cingolani, "analisar os processos de midiatização como produtores e transformadores do social é o que nos convoca precisamente agora em uma época de crise e transformação os próprios processos de midiatização"[119].

Partindo de aspectos gerais e ao mesmo tempo específicos, o autor se propõe a uma avaliação de uma série de aspectos que ligam o espectro tecnológico com a produção de sentido através dos jogos dimensionais: espaço, tempo e intersubjetividade, por um lado, e as categorias da semiose da teoria de Peirce por outro. A hipótese apresentada é de que as transformações produzidas pela midiatização podem ser analisadas segundo dois grandes tipos de operações sobre as quais se reconhece o impacto: memória e contato. Para ele, midiatização pode ser entendida como um processo de transformação de sentido a partir de determinada organização material.

Na conclusão, Cingolani afirma que as transformações da midiatização estão em andamento, ainda há muito o que analisar.

Oscar Traversa[120] trata das mudanças e rupturas nas trajetórias do sentido, através das inflexões do discurso. Diz ele:

> Em estudos sobre discursividade me interessou instalação na vida social, incorporando modos materiais que afetam nossa percepção

---

118 CINGOLANI, Gaston. "Qué se transforma cuando hay mediatización?" In: REVIGLIO, Maria Cecilia; ROVETTO, Florencia Laura (orgs.). *CIM – Estado actual de las investigaciones sobre mediatizaciones*. Rosário: UNR Editora, 2014, p. 11-23.
119 Idem, p. 11.
120 TRAVERSA, Oscar. *Inflexiones del discurso:* cambios y rupturas en las trayectorias del sentido. Buenos Aires: Santiago, cap. E, 2014, p. 341-367.

e, a partir daí os processos de produção coletiva de significado são acionados. A preocupação deste novo livro, uma coleção de trabalhos de diferentes épocas, serve a essa questão: como a materialidade é um componente que dá origem à constituição de dispositivos e modaliza a enunciação. Daí o título do livro: *Inflexiones del discurso: cambios y rupturas en las trayectorias del sentido*[121].

A discursividade, a circulação e a produção de sentido são conceitos-chave neste texto em especial.

Mario Carlon[122] analisa a reação dos usuários do Facebook durante a transmissão da lei sobre matrimônios igualitários na Argentina. Parte da observação realizada durante as transmissões pela TV da discussão da lei que versaria sobre o direito do matrimônio igualitário em julho de 2010. Segundo o autor, essa é uma ótima oportunidade para discutir o alcance e os efeitos da midiatização nesse novo momento histórico.

Carlón, afirma:

> O principal mérito dos estudos sobre midiatização consiste em que se ocupam de questões cruciais, em que parecem articular-se com os níveis analíticos aos quais havíamos anteriormente referenciado. Ou seja, eles atendem, por um lado, ao estatuto dos diferentes meios (dos meios massivos (MM) aos meios digitais (MD), com seus respectivos dispositivos e linguagens) e, por outro, dos distintos sujeitos que já estejam em produção ou reconhecimento e se articulam com os discursos produzidos por estes diferentes sistemas de midiatização. Por outro lado, atendem perguntas tais como: em que se diferenciam os discursos dos MM e dos MD e como distinguir os sujeitos que se articulam com eles?[123]

Eduardo Vizer[124] relaciona a midiatização e a transubjetividade na cultura tecnológica. Analisar as relações entre os processos de midiati-

---
121 Idem, p. 347.
122 CARLON, Mario. "En el ojo de la convergência. Los discursos de los usuários de facebook durante la transmisión televisiva de la votación de la ley de matrimonio igualitário." In: FAUSTO NETO, Antonio; CARLON, Mario. *Las políticas de los internautas:* nuevas formas de participación. Buenos Aires: La Crujía, 2012, p. 173-194.
123 Idem, p. 178.
124 VIZER, Eduardo. "Midiatização e (trans)subjetividade na cultura tecnológica. A dupla face da sociedade midiatizada." In: FAUSTO NETO, Antônio et al. *Midiatização e processos sociais na América Latina*. São Paulo: Paulus, 2008, p. 31-50.

zação objetiva e subjetiva da sociedade, o que o autor denomina de "Cultura Tecnológica" e o que se propõe o texto. Vizer afirma que "a cultura tecnológica se manifesta como a emergência contemporânea de novas formas de construção social da existência humana"[125].

Articula também as relações entre os conceitos de informação e comunicação e as de estrutura e processo social. A construção dos processos de midiatização social se dá para o autor através de dispositivos ao mesmo tempo tecnológicos e simbólicos, associados e inter-relacionados entre si na forma de códigos indiciais e processos abdutivos apresentados por Peirce.

Vizer afirma que "a midiatização social representa o triunfo da Cultura Tecnológica, o triunfo da penetração invasiva das tecnologias de intermediação em todas as ordens da vida social".[126]

Sandra Valdettaro trabalha com a sobre-exposição e o ocultamento na relação com a midiatização. O texto se propõe analisar dimensões do corpo, do discurso político através da figura do presidencial de corpo performático, explorando a relação entre a exposição excessiva do corpo e estratégias discursivas de ocultação, revendo, por um lado, as teorias de desempenho em coordenação com sociossemióticas e categorias filosóficas e políticas[127].

Além disso, a tentativa de definir as peculiaridades das formas de laços políticos na cobertura da midiatização atual, sobre o caso de algumas secções com análise do discurso da presidente Cristina Fernandez de Kirchner, da Argentina.

Pesquisas midiáticas no ambiente europeu

O tratamento e a preocupação com a midiatização estão no horizonte de pesquisadores na Europa a partir da concepção dos dispositivos midiáticos. A midiatização acontece quando uma realidade re-

---

125 Idem, p. 33.
126 Idem, p. 37.
127 VALDETTARO, Sandra. "Cuerpo-presencial-perfomático y Mediatización: entre la sobreexposición y el ocultamento." In: FAUSTO NETO, Antônio. *CIM – Relactos de investigaciones sobre mediatizaciones*. Rosário: UNR, 2015, p. 130-156.

cebe o tratamento dos meios de comunicação. A revista *Hermès*[128], por exemplo, na França, dedica um número completo sobre os dispositivos tecnológicos de comunicação. Entre os autores, destacam-se: André Berten[129], Jean-Pierre Poitou[130], Serge Tisseron[131], Annabele Klein e Jean-Luc Brackelaire[132], Jean-Pierre Meunier[133], Philippe Hert[134], Noël Nel[135], Fabienne Thomas[136].

Merece destaque especial o pesquisador Daniel Peraya[137], que propõe uma definição geral da noção de dispositivo e apresenta sua pertinência para descrever todo meio educativo, todo dispositivo de comunicação e de formação mediatizada. Ele identifica, em seguida, as características comunicacionais fundamentais desse tipo de dispositivo: a midiatização e a mediação de um lado e a interatividade de outro. Ele propõe, enfim, uma modelização dos componentes de todo dispositivo midiático: tecnoculturais, semicognitivos e relacionais.

Na Inglaterra, um grupo de pesquisadores tem debatido o tema da midiatização, em diálogo com o grupo da Europa do Norte e da Alemanha. A crítica estabelecida por Deacon e Stanyer questiona o conceito de midiatização, para eles caracterizado como um *bandwagon*.

Em síntese, dizem que a midiatização está emergindo como um novo conceito influente que coloca a mídia no centro de todos os tipos de empreendimentos culturais, políticos e sociais importantes. No entanto, ele foi objeto até agora de pouca avaliação crítica. Os autores identificam três áreas de preocupação, ou seja, como os processos de

---

128 *Hermès* – Une revue de l'Institut des sciences de la communication du CNRS (ISCC), n. 25. "Le dispositif entre usage et concept" (Numéro coordonné par Geneviève Jacquinot-Delaunay et Laurence Monnoyer), 1999. Todo o número aborda os dispositivos midiáticos. O primeiro ponto trata do que aqui nos interessa: I – Le dispositif, une médiation entre sujet et objet.
129 BERTEN, André. *Dispositif, médiation, créativité:* Petite genealogie, p. 33.
130 POITOU, Jean-Pierre. *Ce que «savoir s'y prendre» veut dire:* Ou du dialogue homme/machine, p. 49.
131 TISSERON, Serge. *Nos objets quotidiens*, p. 57.
132 KLEIN, Annabele; BRACKELAIRE, Jean-Luc. *Le dispositif:* Une aide aux identités en crise, p. 67.
133 MEUNIER, Jean-Pierre. *Dispositif et théories de la communication:* deux concepts en rapport de codétermination, p. 83.
134 HERT, Philippe. *Internet comme dispositif heterotopique*, p. 93.
135 NEL, Noël. *Des dispositifs aux agencements télévisuels (1969-1983)*, p. 131.
136 THOMAS, Fabienne. *Dispositifs narratif et argumentatif:* Quel intérêt pour la médiation des savoirs?, p. 219.
137 PERAYA, Daniel. *Médiation et médiatisation:* Le campus virtuel, p. 153.

causalidade são pensados, como a mudança histórica é compreendida e como os conceitos são projetados. Esperava-se, à época, que este texto gerasse um debate crítico e uma reflexão para evitar que o termo fosse aplicado de maneira inconsistente e indiscriminadamente e que se tornasse um "conceito indiferenciado"[138].

Os autores aludidos (Hjarvard, Lundby e Hepp) responderam às críticas dos ingleses, que, por sua vez, fizeram uma tréplica.

Nesse contexto, Peter Lunt e Sonia Livingstone manifestaram-se[139] questionando se estaríamos ou não diante de um novo paradigma para o campo da comunicação. Eles rejeitavam toda a crítica que fechasse prematuramente o debate sobre novos conceitos com potencial de melhor exploração. Ao contrário, procuraram dar mais ênfase às questões fundamentais que os críticos apresentaram ao conceito de midiatização.

Para dar conta do que se propunham, debruçaram-se sobre as posições de Deacon e Stanyer (2014, 2015) e de Hepp, Hjarvard e Lundby (2015). Eles disseram da sua perplexidade ao ouvirem pela primeira vez o termo "midiatização". Suas interrogações foram muitas e variadas. O termo seria, efetivamente, necessário para a área? O que significaria? O que substituiria? Quais seriam os seus limites? Nesse particular, demonstram simpatia pelo trabalho e pelo esforço de Deacon e Stanyer em tentar compreender e precisar o termo, questionando Hepp, Hjarvard e Lundby sobre a firmeza de suas posições. De sua parte, demonstraram espanto e perplexidade pelo uso casual e confuso que muitos pensadores da área faziam do termo.

Tiveram, entretanto, contato mais aprofundado com o termo quando foram chamados a escrever uma reflexão crítica posterior à obra *Mediatization of Communication*, organizada por Knut Lundby, publicada em 2014[140]. Encontraram-se, na obra, lutando com um quadro cuidadosamente elaborado pelos diversos autores, com compreensões

---

138 *Mídia, Cultura e Sociedade*. 2014. Vol. 36 (7) 1032-1044.
139 LUNT, Peter; LIVINGSTONE, Sonia. Is "mediatization" the new paradigm for our field? A commentary on Deacon and Stanyer (2014, 2015) and Hepp, Hjarvard and Lundby (2015). Submetido e aprovado pela revista *Media, Culture and Societ*.
140 LIVINGSTONE, Sonia; LUNT, Peter. "Mediatization: na emerging paradigma for media and communications research?" Critical afterthought. In: LUNDBY, Knut et al. *Mediatization of Communication*. Coleção Handbooks of Communication Science, n. 21 (july 14, 2014). Berlin: De Gruyter Mouton, 2014, p. 703-724.

e visões variadas. Com base nessa experiência de *outsiders* e *insiders*, eles tentam, agora, mediar o debate inaugurado pelo periódico *Media, Culture and Society*.

Para eles, a questão da midiatização abriga sob um mesmo guarda-chuva diversos estudos sobre a mídia: midiatização da política, da educação, da família, da religião, dos esportes, da justiça, do trabalho etc.

Reconhecem, outrossim, que muitas dimensões da sociedade estão mediadas por tecnologias em rede digitais. A interrogação é se esta situação surgiu como resultado de um metaprocesso histórico análogo, por exemplo, à globalização, individuação ou comercialização (KROTZ, 2009) ou se tem caráter distintivo e coerência suficiente para definir um fenômeno significativo em direito próprio.

Por outro lado, manifestam-se contrários à posição de Deacon e Stanyer, que rejeitam prematuramente o potencial do conceito e fazem uma leitura reducionista do problema. Também não aceitam a afirmação que os estudiosos da midiatização presumem ou fazem uma análise centrada apenas na mídia social.

As referências de Lunt e Livingstone à obra organizada por Knut Lundby nos fazem visitá-la, pois trazem uma síntese mais clara das várias compreensões e abordagem desses diversos pensadores sobre a midiatização e sua plurivocidade. Nesse sentido, apresenta um leque de aproximações e aplicações da teoria midiatização na mídia e nos estudos de comunicação no âmbito das ciências sociais e humanas. Ao promover um encontro dinâmico entre estudiosos com diferentes abordagens da midiatização, procura dar ao leitor uma visão geral da investigação.

Lundby faz constar, na introdução do livro[141], que a *midiatização* se tornou um conceito recorrente para caracterizar as mudanças nas práticas, nas culturas e nas instituições de sociedades saturadas pelos *media*, denotando, assim, as transformações dessas próprias sociedades. O tema deste volume, então, é também importante quando se busca compreender os processos contemporâneos de mudanças sociais, culturais e políticas.

---

141 LUNDBY, Knut. "Mediatization and Communicatio." In: LUNDBY, Knut et al. *Mediatization of Communication*. Coleção Handbooks of Communication Science, n. 21 (july 14, 2014). Berlin: De Gruyter Mouton, 2014, p. 3-35. Cada autor será tratado inidivualmente no capítulo 5.

É certo que midiatização é um termo estranho, mas que ganhou terreno no discurso acadêmico no correr da segunda década do terceiro milênio (LUNDBY, 2009a). É uma questão comunicacional saber como as mudanças ocorrem quando padrões de comunicação são transformados em função de novas ferramentas e tecnologias de comunicação, ou em suma: a *mídia*. Pode ser de interesse para outros estudantes das ciências humanas e sociais que tentam compreender as transformações do nosso ambiente sociocultural as mudanças climáticas ou a globalização, ou ainda aspectos intermediários, como mudanças nas instituições, (sub) culturas e esferas públicas que são influenciadas pelo funcionamento dos meios de comunicação. Mais particularmente, podem ser as interações diárias que são transformadas pelo crescente papel das *mídias sociais* e das redes móveis.

Creio que seu objetivo nessa introdução foi apontar alguns padrões no quadro contemporâneo da investigação da midiatização, como um mapa ou guia para os próximos capítulos. Essa visão geral não é mais que um esqueleto; o cerne é fornecido ao longo dos seguintes trinta capítulos. Referências nessa introdução são principalmente os capítulos vindouros e são de outro modo limitados ao que é necessário para argumento da visão geral. A riqueza de literatura sobre – ou até a construção de – midiatização pode ser encontrada nas seções de referência nos capítulos que compõem o restante deste livro[142].

Sonia Livingstone e Peter Lunt[143] realizam uma consideração final crítica sobre as diversas posições esboçadas pelos autores nessa obra, questionando e se perguntando se o conceito de midiatização estaria ou não se constituindo num paradigma emergente para a mídia e para a pesquisa de comunicação. A pesquisa em midiatização baseia-se na história da mídia e na história da mediação dentro de diversas áreas da sociedade para desenvolver um relato acadêmico e empiricamente fundamentado da mediação da história. O primeiro argumento é que a midiatização é caracterizada por dois aspectos cruciais: trata-se dos

---

142 LUNDBY, Knut. "Mediatization of Communication", op. cit., p. 3-39.
143 LIVINGSTONE, Sonia; LUNT, Peter. "Mediatization: an emerging paradigm for media and communication research?" Critical afterthought. In: LUNDBY, Knut et al. *Communication*. Berlin: Gruyter Mouton, 2014, p. 703-724.

efeitos dos meios de comunicação sobre um campo da sociedade que é historicamente separado dos meios de comunicação; e reconhece que estes efeitos trabalham de uma forma complexa ao longo de um período considerável. A reflexão, então, contrasta três ideais típicos de descrição da midiatização, cada um com um foco e uma escala de tempos diferentes, a saber: os muitos e variados papéis de mediação durante toda a *longue durée* da evolução cultural; as forças institucionalizadas da modernidade tardia convergindo para produzir um setor dominante da mídia corporativa nos últimos séculos; e as ainda incertas transformações sociotecnológicas, mas potencialmente radicais, em redes digitais nas últimas décadas. Sou levado a concluir, em primeiro lugar, que a segunda perspectiva instituciona, torna o caso mais forte para uma teoria da midiatização, mas que todas as perspectivas poderiam ser mutuamente compatíveis com mais trabalho teórico e empírico. Este último deve incluir questões de crítica, ser desenvolvido em parceria com especialistas nas diversas áreas que estão sendo midiatizadas e poderia ser útil reuni-los sob uma única *hashtag* para permitir uma síntese eloquente.

O processo comunicacional e o pensamento sistêmico

Como vimos, são várias as compreensões e as abordagens do conceito de midiatização. Entendo que o conceito não é polissêmico, mas comporta diversas interpretações. Por isso, dizemos que é plurívoco, pois, enquanto a polissemia é uma condição intrínseca a um conceito, a plurivocidade lhe é extrínseca.

Ora, a realidade da midiatização permite diversas interpretações, todas partindo do fato de que a sociedade se constitui por meio da comunicação. O conteúdo da comunicação é a expressão da vida dessa sociedade: passado, presente, futuro, histórias, sonhos etc. O resultado é o compartilhamento de vivências entre as pessoas de todas as gerações. O processo comunicacional possibilita os avanços da sociedade, sempre em níveis cada vez mais complexos.

O processo comunicacional é um dos exemplos acabados do chamado pensamento sistêmico. Entende-se por pensamento sistêmico uma nova forma de abordagem que compreende o desenvolvimento humano sobre a perspectiva da complexidade. Para percebê-lo, a abordagem sistêmica lança seu olhar não somente para o indivíduo isoladamente, mas também considera seu contexto e as relações aí estabelecidas. Isso não significa um abandono ou desprezo pelo micro, que aparecem fenomenologicamente no cotidiano. Há duas visões que se completam na contemplação da realidade. A visão sistêmica não pode ser marcada por nossa crítica do momento presente ou por nossas expectativas e desejos para o futuro, reduzindo a acuidade visual do perceber o que efetivamente está acontecendo ao nível do cotidiano. Esses dois caminhos exigem articulação e tensionamentos para assegurar superações de eventuais riscos. A interação entre as duas visadas tem se mostrado muito produtiva. Lucien Goldmann, apud Braga[144], propõe isso como método sistemático (em que o que se prendeu ou hipotetizou no geral abrangente pode ser testado e desenvolvido no caso a caso, e vice-versa). À medida que os autores que preferem uma ou outra abordagem desenvolvam uma agonística, acredita Goldmann que a área de Comunicação pode gerar um conhecimento significativo e bastante resistente à falibilidade[145].

Pensar sistemicamente exige uma nova forma de olhar o mundo, o homem, e, consequentemente, exige também uma mudança de postura por parte do cientista, postura essa que propicie ampliar o foco e entender que o indivíduo não é o único responsável por ser portador de um sintoma, mas sim que existem relações que mantêm esse sintoma. Um mapa sistêmico é uma expressão gráfica dos inter-relacionamentos dos diversos elementos em jogo nos processos sociais.

O mapa sistêmico que se vai aqui desenhar e analisar procura mostrar a sociedade na sua dinâmica de comunicação, evidenciando a relação entre o contado e o resultado; mais, verificando a assertiva inicial de que o processo comunicacional envolve, no todo, um processo de pensamento sistêmico.

O relacionamento da mídia com os processos sociais expressa a realidade e se dá no âmbito do que se denomina "marco dos processos

---

144 José Luiz Braga, professor do Programa de Pós-Graduação em Ciências da Comunicação da Universidade do Vale do Rio dos Sinos, São Leopoldo/RS.
145 Em conversa com autor em agosto de 2014.

midiáticos". Tal movimento, além disso, interage para a construção do sentido social, levada a cabo por indivíduos e sociedades.

A mídia são os meios eletrônicos que desempenham o papel de dispositivos enunciadores da informação. Nela se percebe um processo de significação que contempla a construção do discurso nas suas diversas configurações – tanto construções verbais como não verbais (por imagens, gestos e ações). No marco das possibilidades comunicativas, a mídia escolhe determinados conceitos, imagens e gestos com os quais elabora um processo enunciativo que permite a comunicação com e para a sociedade. No mesmo movimento, a mídia desenvolve uma dinâmica de processos socioculturais. A importância dessa dinâmica reside no fato de que qualquer processo significativo incide diretamente nas relações sociais. Essas, por sua vez, condicionam, determinam e influenciam tanto os processos de significações como a mídia na sua atuação comunicativa. As relações, inter-relações, correlações, conexões e interconexões acontecem num movimento de dupla mão entre os polos dos processos midiáticos. Isto é, a mídia e os processos socioculturais influenciam-se mutuamente, gerando o fenômeno dos processos midiáticos.

A circulação de mensagens acontece de forma imediata entre o polo da emissão e o polo da recepção[146]. O mesmo processo acontece midiaticamente. A mídia se apropria de conteúdos e os trabalha por meio dos processos de significação e socioculturais. Esse movimento complexo acontece dentro dos contextos dos processos midiáticos.

A circulação também se estrutura em conexões e interconexões que se desenrolam no marco das relações que a sociedade engendra para que a comunicação aconteça com rapidez e eficácia. Os conteúdos transmitidos chegam à sociedade e seus resultados retornam para o processo de comunicação, via processos midiáticos, gerando, assim, um ambiente comunicacional mais amplo que influencia e é influenciado pelos seres humanos. No processo de comunicação, há circulação de

---

[146] Sobre a questão da circulação, ver, entre outros, os trabalhos de José Luiz Braga, principalmente: "Circuitos *versus* campos sociais", in: MATTOS, Maria Ângela; JANOTTI JUNIOR, Jeder; JACKS, Nilda. *Mediação & Midiatização*. Salvador: EDUFBA; Brasília: Compós, 2012, p. 31-52. FAUSTO NETO, Antônio. "Circulação além das bordas." In: FAUSTO NETO, Antônio; VALDETTARO, Sandra (orgs.). *Midiatización, Sociedad y Sentido:* diálogos entre Brasil y Argentina. Rosario, Argentina: Departamento de Ciências de la Comunicación, Universidad Nacional de Rosário, 2010, p. 2-15.

conteúdos que, elaborados socialmente, produzem resultados práticos e simbólicos. Isso aparece nos distintos elementos em jogo no processo de comunicação: na sociedade, na comunicação, nos processos midiáticos. Existem relações diretas, imediatas, e relações indiretas, mediadas pela mídia nos seus processos de significações e sociais, conforme aparece no mapa sistêmico abaixo[147].

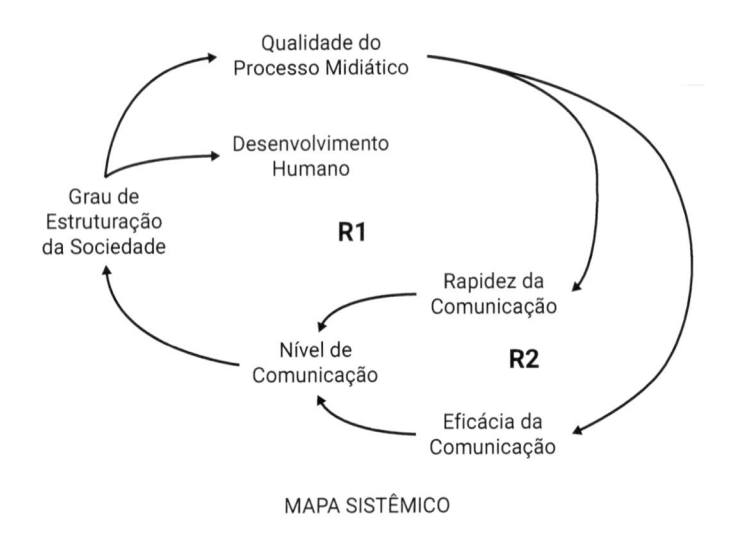

MAPA SISTÊMICO

Esse mapa permite uma leitura sistêmica dos processos midiáticos em desenvolvimento hoje. O aumento do nível da comunicação resulta em uma maior estruturação da sociedade e, dessa forma, incrementa o desenvolvimento humano assim como a qualidade do processo midiático, os quais colaboram para o aumento da rapidez e da eficácia da comunicação, aumentando, da mesma forma, o nível de comunicação. São as relações R1 e R2 que expressam os processos de circulação, cuja complexidade vai dando origem a uma sociedade em midiatização. Didaticamente, pode-se afirmar que R1 inicia o processo e que R2 torna-se um ponto de chegada e de partida para que a circulação continue, num movimento em que não se pode mais identificar o seu início. O resulta-

---

147 Este mapa foi apresentado e comentado em: GOMES, Pedro Gilberto. *Dos meios à Midiatização. Um conceito em evolução*. São Leopoldo: Editora UNISINOS, 2017, p. 132.

do é a constituição de um ambiente novo que possibilita um novo modo de ser no mundo, como se verá a seguir.

Com o advento da tecnologia digital, essas inter-relações se tornaram complexas e se ampliaram, criando uma ambiência. O processo humano de comunicação é potencializado, na sociedade contemporânea, pela sofisticação de seus meios eletrônicos. Desse modo, os inter-relacionamentos comunicacionais, bem como os processos midiáticos, ocorrem no cadinho cultural da midiatização. A realidade da sociedade em midiatização supera e engloba as dinâmicas particulares que esta engendra para se comunicar. O meio social é modificado. A tela de fundo, o marco dentro dos quais interagem as dinâmicas sociais, é gerada pela assunção da realidade digital. A virtualidade digital traz como consequência a estruturação de um novo modo de ser no mundo. A sociedade em midiatização constitui, nessa perspectiva, o cadinho cultural onde os diversos processos sociais acontecem. Ela é uma ambiência, um novo modo de ser no mundo, como dissemos, que caracteriza a sociedade atual. As inter-relações recebem uma carga semântica que as coloca numa dimensão radicalmente nova, qualitativamente distinta em relação ao modo de ser na sociedade até então. Comunicação e sociedade, imbricadas na produção de sentido, articulam-se nesse crisol de cultura que é resultado da emergência e do extremo desenvolvimento tecnológico. Mais do que um estágio na evolução, ele é um salto qualitativo que estabelece o totalmente novo na sociedade. O resultado desse movimento cria um ambiente (que chamamos de sociedade em midiatização) que configura para as pessoas um distinto modo de ser no mundo, pelo qual os meios não mais são utilizados como instrumentos possibilitadores das relações pessoais, mas fazem parte da autocompreensão social e individual. A identidade é construída a partir da interação com os meios. A pessoa não é um "eu" que usa instrumentos como extensão de seu corpo, mas um indivíduo que se autocompreende como um ser que preza as suas relações e conexões por meio dos instrumentos tecnológicos de comunicação.

A sociedade em processo de midiatização é maior, mais abrangente, que a dinâmica da comunicação até agora levada a cabo na chamada sociedade dos meios. Não é somente a comunicação que é potencializada, isto é, não são apenas as possibilidades de comunicação, por meios tecnológicos extremamente sofisticados, que caracterizam o contexto atual; mas a sofisticação tecnológica, amplamente utilizada pelas pessoas desde a mais tenra idade, cria um novo ambiente-matriz que acaba por determinar o modo de ser, pensar e agir em sociedade. A esse ambiente matriz designamos de sociedade em midiatização.

A midiatização abrange dois movimentos simultâneos e dialéticos. De um lado, ela é fruto e consequência das relações, inter-relações, conexões e interconexões da utilização pela sociedade dos meios e instrumentos comunicacionais, potencializados pela tecnologia digital. De outro, ela significa um novo ambiente social que incide profundamente nessas mesmas relações, inter-relações, conexões e interconexões que constroem a sociedade contemporânea. A sociedade é em midiatização. O ser humano é em midiatização. Isso, hoje, sublinhe-se, configura um novo modo de ser no mundo. Esse é o substrato cultural no qual se movem os diversos grupos sociais no mundo. A sociedade erigida nesses movimentos é uma sociedade em processo de midiatização.

5. Midiatização, sociedade e sentido: os temas transversais

É objetivo deste capítulo identificar os conceitos transversais que permitem uma abordagem sistêmica dos meios tecnológicos de comunicação, ultrapassando a sua singularidade e atingindo a complexidade de uma sociedade em vias de midiatização.

Hoje é comum falar em época de mudanças, graças ao desenvolvimento tecnológico. Entretanto, muitos pensadores, ao examinarem o momento presente, dizem que, em lugar de uma época de mudanças, estamos vivendo uma mudança de época. Está em curso uma enorme transformação social que implica uma nova época para a humanidade. Parafraseando esses pensadores, pode-se dizer que, mais do que um ambiente de transformações, a sociedade está passando por uma transformação que tem como resultado o estabelecimento de uma nova ambiência, relacionada com uma sociedade em midiatização.

Consoante isso, estabelecer uma relação entre a questão da produção de sentido na sociedade e a midiatização é colocar a reflexão num patamar distinto do que o tem sido até agora. O que está sendo buscado é o processo de construção de sentido social num ambiente marcado pelo rápido desenvolvimento das tecnologias digitais, envolvendo todas as dimensões da realidade.

Numa visão retrospectiva da comunicação, constata-se que, num primeiro momento, ela esteve centrada na ação do emissor: o receptor era passivo[1]. Importava que o organizador da mensagem a passasse diretamente para o receptor, considerado uma "tábula rasa". Partia-se, na verdade, da concepção de Aristóteles sobre a arte da retórica, para quem essa se compunha de três partes: locutor, discurso e ouvin-

---

1 Ponto exaustivamente trabalhado em GOMES, Pedro Gilberto. *O projeto jornalismo alternativo no projeto popular*. São Paulo: Paulinas, 1990, p. 21-101.

te – com o objetivo de modificar o comportamento do ouvinte. Mesmo com as atualizações e precisões posteriores do sistema, ainda prevalecia a concepção de que havia uma ação direta do emissor que passava a sua mensagem para um receptor passivo. Considerava-se que esta mensagem chegava ao destinatário sem nenhuma interferência externa ou interna.

Essa posição evoluiu ao longo da história, tendo-se chegado a um receptor ativo[2]. Aquilo que era comunicado pelo emissor sofria uma ação do receptor que o interpretava de acordo com a sua própria realidade, colocando no polo do receptor uma ação que, de certa maneira, contrabalanceava o objetivo do emissor ao transmitir a mensagem.

Com o tempo, houve uma melhor precisão, visto que a ação do receptor não era uma atividade pura e simples, mas uma atividade condicionada por mediações. Na relação entre receptor e emissor atuavam mediações que faziam com que a mensagem fosse reinterpretada a partir de mediações socioculturais, psicológicas, individuais, familiares, até videotecnológicas. Essa concepção, por exemplo, foi inaugurada e desenvolvida por Jesús Martín-Barbero, com ápice no seu livro *Dos meios às mediações*[3].

Hoje, pretende-se dar um passo adiante ao afirmar-se que uma perspectiva adequada para estudar, analisar e compreender a comunicação é abordá-la a partir de seus temas transversais. Isto é, pesquisar quais são os temas transversais em torno aos quais se pode nuclear a realidade de uma sociedade em midiatização. Por isso, antes de avançar nessa conexão, tratamos brevemente o que se entende por *conceitos transversais*.

---

2 Em 1982, a União Cristã Brasileira de Comunicação (UCBC) começou a fazer essa inflexão quando repensou o seu projeto de *Leitura Crítica da Comunicação* (LCC). Sobre esse assunto, ver o texto: GOMES, Pedro Gilberto. "O Projeto de Leitura Crítica da Comunicação da UCBC." In: KUNSCH, Margarida K. *Comunicação e Educação:* caminhos cruzados. São Paulo: Loyola, 1986.
3 MARTÍN-BARBERO, Jesús. *Dos meios às mediações*. Rio de Janeiro: Editora da UFRJ, 1997. Mais tarde, seu pensamento disseminou-se por todo o continente. Um grande divulgador dessa posição foi o pesquisador mexicano Guillermo Orozco Gómez, discípulo de Barbero.

TEMAS TRANSVERSAIS

A noção de conceitos transversais nasceu fora do universo da comunicação e, consequentemente, da midiatização. Sua origem encontra-se no âmbito da educação, no qual se postula uma pedagogia que procura dar conta da complexidade da realidade a partir de temas que são tratados na transversalidade do currículo. Para alguns autores, a ideia de rizoma, teia ou redes neurais pode ser a forma mais adequada para a compreensão dos princípios de transversalidade. A característica da rede é estar em constante construção onde os nós e as concepções são heterogêneos e significam uma multiplicidade de possibilidades de interligações. Cada nó pode ser composto por toda uma rede, aberta ao exterior, à soma e a conexões de outras redes. A rede não tem centro ou pode ter vários centros que agregam a si pequenas ramificações, inexistindo hierarquia entre os pontos e caminhos.

O campo da educação, em que surgiu e se disseminou o conceito de transversalidade, o entende como uma forma de organizar o trabalho didático no qual alguns temas são integrados nas áreas convencionais de forma a estarem presentes em todas. No contexto da educação, é necessário redefinir o que se entende por aprendizagem e repensar também os conteúdos que se ensinam aos alunos.

A partir da elaboração da Lei de Diretrizes e Bases da Educação (LDB), de 1996, foram definidos Parâmetros Curriculares Nacionais (PCNs) que, por sua vez, orientam para a aplicação da transversalidade. No âmbito dos PCNs, a transversalidade diz respeito à possibilidade de se estabelecer, na prática educativa, uma relação entre aprender conhecimentos teoricamente sistematizados (aprender sobre a realidade) e as questões da vida real e de sua transformação (aprender na realidade e da realidade)[4]. Não se trata de trabalhá-los paralelamente, mas de trazer para os conteúdos e para a metodologia da área os temas.

A transversalidade difere da interdisciplinaridade porque, apesar de ambas rejeitarem a concepção de conhecimento que toma a realidade como um conjunto de dados estáveis, a primeira se refere à dimensão didática, e a segunda, à abordagem epistemológica dos objetos de conhecimento. Ou seja, se a interdisciplinaridade questiona a visão com-

---

4 Hoje se fala em *aprender a aprender, aprender a desaprender e aprender a reaprender*.

partimentada da realidade sobre a qual a escola se constituiu, mas trabalha ainda considerando as disciplinas, a transversalidade diz respeito à compreensão dos diferentes objetos de conhecimento, possibilitando a referência a sistemas construídos na realidade dos alunos. Nesse sentido, a real pretensão das temáticas transversais é resgatar a dignidade das pessoas, a igualdade de direitos, a participação na sociedade e a corresponsabilidade pela vida social.

No marco dos temas transversais, indaga-se sobre aqueles que se inserem na complexidade sistêmica da reflexão sobre comunicação, isto é: quais são, numa sociedade em midiatização, os temas que perpassam transversalmente os estudos e as abordagens em termos de uma sociedade em midiatização?

Pode-se dizer que a busca da transversalidade é uma forma de organizar a pesquisa sobre a midiatização, em que alguns temas são integrados na análise dos processos midiáticos de maneira a estarem presentes em todos eles. Analisando o trabalho de alguns pensadores, identificamos alguns temas que, para além do conteúdo, se fazem presentes, de modo transversal, em todos os estudos.

Muito embora alguns autores e temas já tenham sido tratados anteriormente, aqui se busca explicitar os temas que considero relevantes. O contexto e o propósito são distintos.

Circulação

Apresenta-se-nos com importância transcendente o conceito de *circulação*. Para além da superficialidade do fenômeno da circulação, há o percurso que vai dos meios às midiatizações, ou seja, um trajeto que sai de uma sociedade dos meios para uma sociedade em vias de midiatização[5].

Quando o conceito de circulação[6] é trazido para a reflexão e ligado à questão da midiatização, está-se diante de uma posição que advoga

---

5 Para esse ponto, ver os trabalhos de Antônio Fausto Neto, Jairo Ferreira e Pedro Gilberto Gomes.
6 Um conceito caro a Antônio Fausto Neto, professor e pesquisador vinculado à linha de pesquisa "Midiatização e Processos Sociais" do PPG em Comunicação da Universidade do Rio dos Sinos (UNISINOS), em São Leopoldo/RS, Brasil.

uma visão distinta e mais ampla do que seja a circulação. Fausto Neto não considera a circulação conforme o senso comum, ou seja, como as mensagens circulam na sociedade, na relação emissor/receptor.

Ao relacionar o conceito de circulação com o conceito de midiatização, ele está dizendo que, neste processo de circulação na sociedade da questão das mensagens das inter-relações, deve-se ir além do senso comum, ir além da superficialidade do conceito. Nesse processo de circulação, tanto o emissor como o receptor, também a sociedade sofre transformações.

Fausto Neto, apud Eliseo Verón[7], afirma que se deve ir além daquilo que aparece; ir além do fenômeno objetivo de uma circulação de mensagem, vendo essa circulação como construtora de uma sociedade e como edificadora de uma ambiência. As pessoas e a sociedade são modificadas pelo processo de circulação que acontece a partir das tecnologias que estamos utilizando.

O emissor, o receptor, a sociedade e os meios não são simplesmente coisas materiais transmitidas por um locutor ao ouvinte, um locutor que tem um meio, uma mensagem, um locutor que sofistica os seus instrumentos, e um receptor que tem que decodificar a mensagem que recebe. Ninguém participa impunemente desse processo.

Antônio Fausto Neto desenvolve com mais rigor um trabalho que leva em conta o conceito de circulação. Um dos artigos, entre tantos, onde Fausto Neto explicita o seu pensamento, foi publicado numa obra coletiva da linha de pesquisa "Midiatização e Processos Sociais", do Programa de Pós-Graduação em Ciências da Comunicação da Universidade do Vale do Rio dos Sinos[8]. Para ele, "linguagem e circulação pertencem também ao 'estoque conceitual' de disciplinas das ciências sociais funcionalistas, que se debruçaram em torno de interrogações sobre fenômenos comunicacionais"[9].

---

7 Pesquisador argentino, considerado o primeiro no continente a falar em midiatização. Semiólogo, trabalhou na França, com fecunda produção intelectual. Publicou, entre outros, *Semiosis Social I* e *Semiosis Social II*.
8 FAUSTO NETO, Antônio. "Como das linguagens afetam e são afetadas na circulação?" In: BRAGA, José Luiz; FERREIRA, Jairo; FAUSTO NETO, Antônio; GOMES, Pedro Gilberto. *Dez perguntas para a produção de conhecimento em comunicação*. São Leopoldo: Editora UNISINOS, 2013, p. 43-62.
9 Idem, p. 43.

Nesse binômio, a circulação ocupa um lugar específico, muito embora tenha adquirido *uma dimensão problematizadora em um contexto mais recente, o da "sociedade em vias de midiatização"*[10]. Nesse sentido, *a circulação é concebida como uma região que trabalha segundo processos nos quais podem ser apresentadas marcas de sua atividade*[11]. Para Fausto Neto, o que caracterizaria a circulação no contexto da midiatização seria, de um lado, a sua condição de uma "estrutura que une", ao produzir acoplamentos de práticas tecnodiscursivas, ao mesmo tempo em que as poria em movimento, constituindo-se em fonte assim como na dinâmica e no processo de uma nova complexidade comunicacional[12].

Na perspectiva assumida por Fausto Neto a respeito da circulação, vemos que estamos diante de um conceito que se torna importante para estudar e compreender, sistemicamente, a sociedade em vias de midiatização.

Processo interacional de referência

Processo interacional de referência é um tema e um conceito caro a José Luiz Braga[13], para quem a midiatização da sociedade envolve um terceiro elemento: a resposta que completa o circuito. Em escrito de 2006[14], Braga entende a midiatização como o conjunto de reformulações sociotecnológicas, no qual o midiático desloca-se para o processo interacional de referência. Sua reflexão parte daquilo que define um processo interacional como hegemônico e, em marcha acelerada, para se tornar "de referência"[15].

Para ele,

> um processo interacional "de referência", em determinado âmbito, dá o tom aos processos subsumidos (...). Assim, dentro da lógica da

---

10 Idem, p. 46.
11 Idem, p. 47.
12 Idem, p. 49.
13 Professor do Programa de Pós-Graduação em Ciências da Comunicação da UNISINOS e pesquisador da linha de pesquisa "Midiatização e Processos Sociais".
14 Texto apresentado no Encontro da Compós.
15 Cf. idem, p. 2.

mediatização (sic), os processos sociais de interação mediatizada passam a incluir, a abranger os demais, que não desaparecem, mas se ajustam[16].

Assim, "processo interacional de referência" é uma forma de organização da sociedade. Tais processos são os principais direcionadores na construção da realidade social[17]. A sociedade constrói a realidade social através de processos interacionais pelos quais os indivíduos e grupos e setores da sociedade se relacionam[18].

A compreensão explicitada por Braga coloca o *processo interacional de referência* como um conceito de extrema importância para o estudo da midiatização, visto que ele, transversalmente, perpassa a contemplação de cada meio na pesquisa sobre os processos midiáticos.

Dispositivos

Outro tema transversal que não pode ser ignorado no estudo da midiatização e dos processos midiáticos é a noção de *dispositivo*, inscrita no horizonte de pesquisa de Jairo Ferreira[19], que parte da concepção de que a circulação é abstrata. Sua concretização acontece mediante a análise dos dispositivos midiáticos. Estes não são nem meio nem mensagem. Jairo afirma que o dispositivo *é* "um lugar de inscrição que se transforma em operador de novas condições de produção e recepção, e, ao mesmo tempo, passagem e meio"[20]. Para ele, "a pesquisa sobre os dispositivos na perspectiva da circulação/midiatização é sempre inferencial, produtora de proposições e novos questionamentos"[21].

---

16 Cf. idem, ibidem.
17 Cf. idem, p. 2
18 Cf. idem, p. 3
19 Professor do mesmo programa e da mesma linha.
20 FERREIRA, Jairo. "Como a circulação direciona os dispositivos, indivíduos e instituições?" In: BRAGA, José Luiz; FERREIRA, Jairo; FAUSTO NETO, Antonio; GOMES, Pedro Gilberto (orgs.). *Dez perguntas para a produção de conhecimento em comunicação*. São Leopoldo: Editora UNISINOS, 2013, p. 147.
21 Idem, p. 148.

Desse modo, constata que *a inscrição dos processos socioantropológicos nos dispositivos midiáticos produz novos usos, práticas e interações sociais midiatizadas*[22].

A posição de Jairo Ferreira, sumariamente apresentada acima, coloca a questão dos dispositivos como um tema transversal que permite uma abordagem sistêmica da midiatização hoje. Nos processos atuais, Ferreira sugere que os algoritmos são os meios dos meios anteriores (de conteúdo, programação, indexação e interação). A midiatização deve considerar esses novos meios nos estudos das interações e da circulação, com incidências a serem investigadas na construção de ambientes da cultura, economia e política[23].

Imagens-totens

A pesquisadora Ana Paula da Rosa[24] valoriza, por sua vez, conceito de imagens-totens,[25] apresentado em sua tese de doutorado e seu objeto de estudos relacionado com o conceito de midiatização. Para ela, pensar imagens hoje é pensá-las na ambiência da midiatização, uma vez que os processos sociais estão atravessados pelas lógicas de mídia. No entanto, falar em construção simbólica de imagens demanda abordar o poder simbólico (ROSA, 2014, p. 28).

Desta forma, podemos dizer que imagens-totens são imagens de poder, de modo a constituir símbolos de um acontecimento. Por exemplo, a imagem do atentado terrorista às Torres Gêmeas em 11 de setembro, uma das imagens que a autora analisa, foi inscrita na circulação e, sempre que acontece um novo atentado terrorista, somos remetidos a essa imagem e a esse acontecimento. Segundo a autora, a imagem-totem resiste, superando mesmo os espaços polêmicos gerados, o que

---

22 Idem, ibidem.
23 Em conversa com o autor, em 07/01/2021.
24 Doutora em Ciências da Comunicação pela Universidade do Vale do Rio dos Sinos (UNISINOS). Atualmente é professora e pesquisadora no Programa de Pós-Graduação em Ciências da Comunicação da UNISINOS – Linha de pesquisa "Midiatização e Processos Sociais".
25 ROSA, Ana Paula da. "Imagens-totens em permanência x tentativas midiáticas de rupturas." In: ARAUJO, Denize Correa; CONTRERA, Malena Segura (orgs.). *Teorias da imagem e do imaginário*. 1. ed. Brasília: Compós, 2014, v. 1, p. 3-368.

implica dizer que essa imagem se torna uma estrutura estruturante ou, nas palavras de Bourdieu, um poder simbólico.

Assim, o que chama a atenção no que tange à midiatização das imagens é que estas são, num primeiro momento, aproximações do acontecimento, considerando, aqui, representações de um dado referente. Numa segunda fase, as imagens já postas em circulação em dispositivos jornalísticos se tornam sínteses porque foram eleitas previamente, de acordo com a lógica do campo das mídias que desdobram estruturas profundas do social (necessidade de pertencimento) para adquirir tal visibilidade. Já numa terceira etapa, a do reconhecimento, são novamente organizadas conforme regras táticas próprias da esfera social, o que não significa um contrato, mas envolve estruturas prévias de curto prazo, configuradas na distribuição e na circulação, pois os símbolos transcendem o âmbito dos fenômenos da consciência individual. Isto é, o símbolo é construído em jogo, não por um ou outro jogador. Em outros termos, o símbolo que circula nos jornais, nas revistas, nos *sites* e *blogs* é fruto de interações. A noção de valorização das instituições jornalísticas se deve ao fato de que são elas que chancelam as imagens a serem postas em distribuição e circulação, inclusive quando diretamente impactadas e afetadas pelas demais esferas da midiatização[26].

Concluindo, Rosa afirma:

> As imagens-totens são imagens autorreferenciais que são produzidas na circulação, pois elas só existem nessa tramitação, mobilizando a tríade freudiana de lembrança, repetição e perlaboração em potência. A primeira diz respeito à lembrança efetiva do acontecimento, ou do trauma no caso da psicanálise; a segunda, a uma forma de não recordar, ou seja, uma espécie de impedimento à lembrança. Já a perlaboração configura-se como uma reconciliação com o reprimido, portanto, lembrar para perlaborar ou elaborar de novo[27].

---

26 Cf. idem, p. 42.
27 Idem, ibidem.

Ambiência

O conceito de *ambiência* ocupa o pensamento e a pesquisa deste autor.[28] A expansão das tecnologias digitais está a exigir que se considere a sociedade em midiatização como a uma ambiência que modifica o modo de ser no mundo das pessoas e instituições[29]. O conceito de ambiência é considerado transversal, pois ultrapassa os limites dos diversos ambientes singulares para inscrever-se num espaço maior que expressa a complexidade do sistema.

Uma abordagem que procure compreender a realidade de uma sociedade em midiatização deve, necessariamente, abordá-la a partir de realidades tangíveis, acessíveis via estudos dos meios individuais, mas superados em sua singularidade por conceitos transversais que materializam, empiricamente, a midiatização na sociedade.

Midiatização no processo de mudança

Um primeiro conjunto de abordagem sobre midiatização tem como pano de fundo o fenômeno das mudanças globais e procura situar a midiatização na sua relação com visões que expressem a complexidade do mundo, bem como a diversidade de ângulos a partir dos quais elas podem ser estudadas. Trata-se de pensar e situar a midiatização num horizonte mais global de transformação, uma vez que, muito mais do que uma época de mudança, o mundo está vivendo uma mudança de época. Não importa o meio que se estude, a questão da mudança global é um tema transversal.

---

28 Como os três anteriores, pesquisador do mesmo programa e linha.
29 Nossas últimas pesquisas e produções trabalham exaustivamente a questão da midiatização e sua relação com a criação de uma nova ambiência, tal como se pode apreciar através das obras elencadas no Curriculum Lattes.

Nesse sentido, Karin Knorr Cetina[30] debruça-se sobre a mídia, que identifica como *escópica*[31], e a coordenação global: a midiatização dos encontros face a face com a necessidade de uma compreensão atualizada de uma das unidades mais básicas da sociabilidade, a situação social. A midiatização escópica é um tipo particular de midiatização, baseado em tela, implicando a mídia eletrônica. As tecnologias envolvidas são diferentes, mas em todos os casos elas apresentam e disponibilizam aos participantes o que se encontra espacial e temporalmente para além do seu alcance. A inclusão de tecnologias com base em telas transforma a situação face a face em uma situação sintética. Cetina defende que o domínio face a face não tem mais a importância estrutural que já teve. Situações sintéticas, complexas, diferem de modos distintos da situação social tradicional. A autora estuda especificamente as consequências temporais e a ontologia informacional que se segue. Ela ressalta que a mídia escópica implica um regime de atenção e uma integração intencional – conceitos que colocam em causa a crença de que as tecnologias de informação e comunicação, necessariamente, levam a domínios de rede e formas de rede de integração. Discute, outrossim, como a mídia escópica pode transmitir e gerenciar a confiança que é frequentemente associada com o conhecimento e a presença pessoal, e como eles melhoram a fatalidade de situações sociais. Os mercados financeiros globais ilustram este tipo de midiatização.

Risto Kunelius[32], sob a égide do tema das mudanças globais, traz para o debate as alterações ambientais como uma agenda para a pesquisa centrada na midiatização. A mudança climática está na base da interligação das pessoas, exigindo novos tipos de modelos de governanças transnacionais, requerendo uma imaginação política radicalmente orientada para o futuro e desafiando a base de muito material sobre o

---

30 CETINA, Karen Knorr "Scopic media and global coordenation: mediatization of face-to-face encounters." In: LUNDBY, Knut et al. *Mediatization of Communication*. Coleção Handbooks of Communication Science, n. 21 (July 14, 2014). Berlin: De Gruyter Mouton, 2014, p. 39-62.
31 Segundo o Dicionário Houaiss, está referenciada à escopia, assim definida: visão da imagem, isto é, percepção da própria imagem interior, e não da coisa ou do referente.
Sua etimologia é: gr. *skopiá,âs* (local de observação), mas com o conteúdo semântico genérico de –*scopia*, ver o conceito foi haurido de J. Lacan (1901-1980).
32 KUNELIUS, Risto. "Climate change challenges: an agenda for de-centered mediatization research." In: LUNDBY, Knut et al. *Mediatization of Communication*. Coleção Handbooks of Communication Science, n. 21 (July 14, 2014). Berlin: De Gruyter Mouton, 2014, p. 63-86.

qual, modernamente, são construídas as culturas sedentas de carbono. Aqui, a mudança climática funciona como um prisma através do qual se percebe uma perspectiva "descentrada" de midiatização. Isso implica olhar para a forma saturante que a "presença" da mídia – de mudanças tecnológicas na dinâmica de atenção e *affordances*[33] interacionais para a política de representação – molda a interação mútua dos atores sociais. Isso também significa evitar que seja abstraída a partir de assuntos particulares, históricos e levando a sério as particularidades das construções problemáticas que trazem os atores sociais em interação. Partindo dessas premissas, Kunelius discute a mediação da mudança climática através dos quadros de gestão de atenção (a agenda de notícias globais, representando o real – a ciência do clima e da lógica da mídia – a representação política – alterações climáticas, meios de comunicação e no campo político – e profissionalismo jornalístico).

Preocupa-se, nesse sentido, com a midiatização como um discurso, bem como com as dimensões normativas da pesquisa em midiatização.

Na perspectiva da transversalidade das mudanças globais, Wanning Sun[34] aproxima-se da midiatização com características chinesas, relacionando a legitimidade política, a diplomacia pública e a nova arte da propaganda. Afirma que a midiatização se tornou, na China, um fato na vida, assim como a globalização, a urbanização e a comercialização. No entanto, as mudanças nos meios de comunicação chineses e as práticas de comunicação na era de reformas têm sido quase sempre documentadas no âmbito da dualidade entre o Estado e o mercado. Pouca atenção tem sido dada para as formas em que a lógica da mídia informa e molda a interação dessas forças, por vezes em oposição, por vezes cúmplices. O Estado, buscando experimentar uma variedade de formas

---

33 *Affordance* é a qualidade de um objeto, ou de um ambiente, que permite que um indivíduo realize uma ação. O termo é utilizado em vários campos, como em psicologia de percepção, psicologia cognitiva, psicologia de ambiente, *design* industrial, interação homem-computador (I.H.C.), *design* de interação e inteligência artificial.
De forma mais intuitiva, *affordance* pode ser entendida como quanto potencial a forma de um objeto tem para que ele seja manipulado da maneira que pensado para funcionar. Por exemplo, uma maçaneta redonda de porta convida o usuário a girá-la.
34 SUN, Wanning. "Meditization with Chinese characteristics: political legitimacy, public diplomacy and the new art of propaganda." In: LUNDBY, Knut et al. *Mediatization of Communication*. Coleção Handbooks of Communication Science, n. 21 (July 14, 2014). Berlin: De Gruyter Mouton, 2014, p. 87-108.

e formatos de mídia, está mais interessado em midiatização pelo governo e menos interessado na midiatização da política. Essa discussão mostra o quanto, em certa medida, as práticas de mídia podem ser trabalhadas para manter a estabilidade social interna. Tornou-se cada vez mais problemático o modo como a China intensifica os seus esforços de diplomacia pública para engajar e se comunicar com os membros do público em países estrangeiros. Ao discutir a mídia estatal da China e os desafios que enfrenta na seleção e na apresentação de notícias chinesas para o consumo de público estrangeiro, Sun argumenta que a capacidade do Estado chinês para aproveitar midiatização é crucial para seus objetivos de *Soft Power*. Esta discussão acrescenta uma dimensão intercultural para sua teorização, ao mesmo tempo em que facilita uma necessária reformulação das práticas de propaganda seguidas pela mídia chinesa.

A midiatização e sua relação com a história

Um segundo cenário da midiatização é constituído pela sua história e pelo seu desenvolvimento como um tema transversal. Aqui o fundamental é a relação com a modernidade e respectivas consequências. O processo atual é fruto de uma longa evolução, caracterizada por uma dinâmica de maior complexidade. O leitor é confrontado com uma história que, discutindo comunicação, chega à modernidade desafiando a argúcia dos pesquisadores.

É nessa perspectiva que Stefanie Averbeck-Lietz[35] procura entender a midiatização na *primeira modernidade*: clássicos sociológicos e suas visões sobre as sociedades mediadas e midiatizadas. Sua abordagem contempla duas partes. A primeira delas resume a razão pela qual, a longo prazo, se deve olhar para os clássicos de modo a entender os processos de midiatização, por exemplo, através de uma perspectiva histórica, especialmente no que diz respeito à história da comunica-

---

35 AVERBECK-LIETZ, Stefanie. "Understanding mediatization in 'first modernity': sociological classics and their perspectives on mediated and mediatized societies." In: LUNDBY, Knut et al. *Mediatization of Communication*. Coleção Handbooks of Communication Science, n. 21 (july 14, 2014). Berlin: De Gruyter Mouton, 2014, p. 109-130.

ção. A segunda examina mais de perto os escritos de três autores clássicos: Max Weber, Ferdinand Tönnies e Ernest Manheim (um discípulo direto de Tönnies). Manheim foi o primeiro pensador europeu a usar o termo "midiatização" explicitamente para explicar a mudança cultural e social nas sociedades mediadas em massa já em 1932/1933. Ele foi um precursor de Habermas ao descrever a origem de uma esfera pública desde o século XVII. Outra referência é ele próprio e sua perspectiva histórica sobre o surgimento da esfera pública burguesa, demolido pela imprensa de massa a partir do final século XIX em diante, bem como a assunção da midiatização do mundo da vida expressa na perspectiva da teoria da ação comunicativa de Jürgen Habermas. O trabalho mais recente de Habermas dos anos 1990 e 2000, sobre o conceito de comunicação pública e da sociedade civil, não é tão pessimista culturalmente como parece à primeira vista. Os quadros de pesquisa em midiatização traçados por Winfried Schulz e Jesper Strömbäck explicam que estágios (históricos) de midiatização são visíveis nos clássicos da primeira modernidade.

Também no marco da história, Friedrich Krotz[36] concebe a midiatização como um motor da modernidade, buscando a mudança social e cultural no contexto da alteração de mídia. Para isso, reconstrói a emergência da abordagem da midiatização na década de 1990 como uma resposta acadêmica para a mídia digital e o computador relacionados com a mídia. Preliminarmente, relata a discussão básica sobre o modo como chamamos este desenvolvimento a partir de uma perspectiva de estudos de comunicação, as suas principais questões e as suas consequências para estudos de comunicação tradicionais. A midiatização é entendida como um desenvolvimento histórico e real semelhante à globalização e à modernização. Em seguida, através da identificação de subprocessos, apresenta características mais complexas: sua relação com a teoria dos meios, o seu caráter como um processo meta-histórico e sua complexidade. Finalmente, chega a uma definição, na qual a abordagem da midiatização é vista como baseada, conceitual e teoricamen-

---

[36] KROTZ, Friedrich. "Mediatization as a mover in modernity: social and cultural change in the context of media change." In: LUNDBY, Knut et al. *Mediatization of Communication*. Coleção Handbooks of Communication Science, n. 21 (july 14, 2014). Berlin: De Gruyter Mouton, 2014, p. 131-162.

te, nos desenvolvimentos reais, históricos, sociais e culturais no contexto do desenvolvimento dos meios de comunicação. Para ele, supõe-se que existam meios de comunicação que tenham sido desenvolvidos desde a invenção da comunicação humana, isto é, desde o nascimento da humanidade. Em seguida, a mídia é construída pela ação social e comunicacional das pessoas usando a tecnologia para a comunicação, que é transformada e modificada pelos meios de comunicação. Isso é expresso na ideia de que a midiatização é um metaprocesso tal como a individualização, a globalização e a comercialização. Ou seja, um complexo processo de processos[37].

Midiatização e sociedade

A sociedade, muito embora seja o *locus* em que a mídia se articula, é também um tema transversal. Contempla-se e se estuda a sua complexidade no contexto social. Há uma trama de relações entre mídia, cultura e sociedade que transcende a mera composição dos dispositivos tecnológicos. Institucionalmente, são estudadas as relações estabelecidas entre mídia e sociedade na perspectiva da midiatização. O resultado traz, inclusive, questionamentos sobre a teoria de campos sociais.

Nesse marco, Göran Bolin[38] analisa a instituição, a tecnologia e o mundo como uma trama de relações entre mídia, cultura e sociedade, discutindo três abordagens para a midiatização: a institucional, a tecnológica e a mídia como mundo. Cada uma delas possui um fundo ontológico e epistemológico diferente, tendo consequências sobre o modo como as perguntas são colocadas e sobre os tipos de respostas que são possíveis dar. Esse aspecto é considerado num pano de fundo, com um foco especial para o modo como as abordagens teorizam a relação entre mídia e sociedade, como a mídia é definida e qual perspectiva histórica é privilegiada.

---

37 Idem, p. 156.
38 BOLIN, Göran. "Institution, technology, world: relationships between the media, culture, and society." In: LUNDBY, Knut et al. *Mediatization of Communication*. Coleção Handbooks of Communication Science, n. 21 (July 14, 2014). Berlin: De Gruyter Mouton, 2014, p. 175-198.

Por sua vez, Stig Hjarvard[39] reflete sobre a midiatização e a mudança cultural e social numa perspectiva institucional, a fim de apreender as relações estruturais de mudança entre mídia e as diferentes esferas da sociedade. Constata e afirma uma ampla midiatização da cultura e da sociedade, que não se limita ao domínio da formação de opinião pública, mas atravessa quase todas as instituições sociais e culturais, como a família, o trabalho, a política e a religião. De maneira crescente, outras instituições precisam dos recursos dos meios de comunicação, incluindo a sua capacidade para representar a informação de forma particular, para construir relações sociais e para produzir a atenção por meio da ação comunicativa. Devido a esse desenvolvimento geral, é preciso analisar o papel da mídia numa infinidade de contextos sociais, com um enraizamento mais firme da teoria da midiatização na teoria social geral. Inspirados por desenvolvimentos recentes na teoria da estruturação e da perspectiva lógica institucional, os meios são entendidos como estruturas (ou seja, recursos e regras) que são tanto a condição como a possibilidade para a ação reflexiva humana. A influência da mídia sobre mudança cultural e social não é sobre a mídia de "colonização" de outras instituições, mas sobre as mudanças nas relações interinstitucionais. Todas as instituições, incluindo os meios de comunicação, dependem de uma variedade de outras instituições, podendo surgir mudança cultural e social através de novas configurações de relações entre mídia e outras instituições.

Uma posição ousada e provocativa vem de Nick Couldry[40]. Seu estudo trata da midiatização e o futuro da teoria de campo, analisando a história recente da pesquisa sobre midiatização do ponto de vista de sua contribuição potencial para a teoria social. O ponto de partida para isso é conceber a midiatização não como uma lógica interna de conteú-

---

39 HJARVARD, Stig. "Mediatization and cultural and social change: an institutional Perspective." In: LUNDBY, Knut et al. *Mediatization of Communication*. Coleção Handbooks of Communication Science, n. 21 (July 14, 2014). Berlin: De Gruyter Mouton, 2014, p. 199-226. O pensamento de Hjarvard está expresso no livro *Midiatização da Cultura e da Sociedade*. São Leopoldo: Editora UNISINOS, 2014.
40 COULDRY, Nick. "Mediatization and the future of field theory." In: LUNDBY, Knut et al. *Mediatization of Communication*. Coleção Handbooks of Communication Science, n. 21 (July 14, 2014). Berlin: De Gruyter Mouton, 2014, p. 227-246.

do de mídia (como, por exemplo, no trabalho pioneiro de Altheide[41] e Snow[42]), mas como um metaprocesso[43] que emerge de muitas transformações simultâneas em configurações específicas. Só se midiatização for entendida dessa maneira ela pode resolver a explicação diversificada do espaço social encontrado na teoria de campos e em outros lugares na teoria social. Mas a pesquisa em midiatização também ajuda a ver a necessidade de aperfeiçoar a teoria de campo para ter uma explicação transversal dos efeitos da mídia em todos os espaços sociais: estes são explorados através do conceito de meta/capital de mídia. Esta intersecção entre a investigação sobre midiatização e teoria social é colocada ao lado de outros cruzamentos possíveis, por exemplo, através de noções de lógicas institucionais ou figurações. A contribuição de cada abordagem é então desenvolvida em relação ao desafio de entender como o governo é midiatizado. Nestas várias maneiras, o autor explora como a pesquisa em midiatização pode contribuir de forma flexível para a compreensão de como as possibilidades de ordem no espaço social estão mudando através da mídia, particularmente a mídia digital.

Midiatização e interação social

A sociedade está em permanente movimento e possibilita a interação social e o desenvolvimento humano. O modo como se dá a relação entre movimento e interação é um tema transversal que permite o estudo da mídia no âmbito do conceito de midiatização.

Nessa perspectiva, Andreas Hepp e Uwe Hasebrink[44] debruçam-se sobre o fenômeno da interação humana e das figurações comunicativas, do ponto de vista da transformação das culturas e sociedades midiatizadas. Aqui é introduzido o conceito de "figurações comunicativas", como uma ferramenta analítica para a investigação da midiatização

---

41 David L. Altheide (*born* August 9, 1945) é sociólogo norte-americano. Lecionou por 37 anos na Arizona State University, onde é professor regente emérito da Escola de Justiça e Pesquisa Social.
42 Robert Snow é sociólogo e leciona na Arizona State University, em Tempe (USA).
43 Ver a posição de KROTZ, cf. nota 259 supra.
44 HEPP, Andreas; HASEBRINK, Uwe. "Human interaction and communicative figurations. The transformation of mediatized cultures and societies." In: LUNDBY, Knut et al. *Mediatization of Communication*. Coleção Handbooks of Communication Science, n. 21 (July 14, 2014). Berlin: De Gruyter Mouton, 2014, p. 249-272.

com um enfoque especial na mudança da interação humana. O conceito de "figurações comunicativas" é usado para desenvolver uma análise transmidiática da construção comunicativa da mudança das culturas e das sociedades midiatizadas. Os focos desta abordagem são as formas de comunicação, ambientes de mídia, constelações de agentes e enquadramentos temáticos de entidades sociais. São exemplos dessas entidades: a família midiatizada, organizações midiatizadas, o campo da religião midiatizada. Isso torna possível investigar os padrões de pertença, poder, regras e segmentação dentro de processos de midiatização. Os autores apresentam, em primeiro lugar, uma abordagem geral sobre a forma de refletir a inter-relação entre midiatização, interação e comunicação. É com base nisso que o conceito de figurações de comunicação é introduzido. Segue-se uma reflexão da sustentação empírica de figurações comunicativas, com uma conclusão a respeito da relevância deste conceito para a pesquisa em midiatização que é orientada para as questões de interação e comunicação.

De seu lado, André Jansson[45] afirma que existem aspectos indispensáveis na midiatização, materialidade e espaço que devem ser tratados. Aborda a midiatização como um movimento pelo qual as tecnologias de mídia e os artefatos a elas relacionados tornam-se indispensáveis para as pessoas em suas vidas cotidianas. Seus lugares e práticas tornam-se materialmente adaptados para a existência dos meios de comunicação. Essa visão emana de uma conceituação mais ampla de midiatização como um metaprocesso que envolve regimes interligados de dependências e normalizações relacionados à mídia. Ele apresenta um quadro de três níveis para o estudo da indispensabilidade e adaptação de material, onde inclui noção de Don Ihde[46] das relações "I-tecnologia-mundo" (técnicas de mídia), as teorias de Bourdieu de legitimação sociocultural e do conhecimento prático (propriedades de mídia), e a fenomenologia da materialização da vida cotidiana (texturas mídia) de

---

[45] JANSSON, André. "Indispensable things: on mediatization, materiality, and space." In: LUNDBY, Knut et al. *Mediatization of Communication*. Coleção Handbooks of Communication Science, n. 21 (July 14, 2014). Berlin: De Gruyter Mouton, 2014, p. 273-296.
[46] Don Ihde, filósofo estadunidense, é um dos principais nomes da Filosofia da Tecnologia e da Pós-fenomenologia e na Filosofia do século XX e do século XXI.

Lefebvre[47]. Ao todo, essas perspectivas permitem ao pesquisador identificar tensões internas e flutuações dentro do metaprocesso de midiatização que se desenrola em relação a diferentes regimes tecnológicos, durante diferentes períodos e em diversos contextos socioculturais. Em particular, Jansson detecta uma contínua migração das texturas de meios de massa para texturas transmidiáticas, significando a vinda de uma nova subfase da midiatização: transmidiatização. Essa mudança atualiza-se como novas formas de mídia, entendidas as técnicas como propriedades, amalgamadas com padrões sociomateriais preexistentes de maneiras cada vez mais flexíveis e abertas.

Por seu turno, Niels Ole Finnemann[48] pergunta se a digitalização representa novas trajetórias da midiatização. Seu objetivo é esclarecer o que o conceito de mídia digital pode adicionar para a compreensão da midiatização e o que o conceito de midiatização poderia acrescentar para a compreensão da mídia digital.

Argumenta ele que os meios digitais abrem um leque de novas trajetórias na comunicação humana, que não foram antecipadas em conceituações anteriores dos meios de comunicação e midiatização. Se as mídias digitais devem ser incluídas, o conceito de midiatização tem de ser revisto e novos parâmetros devem ser integrados no conceito de mídia. Ao mesmo tempo, argumenta que o conceito de midiatização ainda fornece uma variedade de perspectivas de relevância para o estudo de meios digitais.

A alegação de que o conceito de midiatização tem de ser reinterpretado só pode ser legitimada se as mídias digitais forem consideradas distintas da mídia anteriormente referida na teoria midiatização. Para isso, primeiramente, Finnemann apresenta as características e define a mídia digital. Em seguida, trata das teorias da midiatização e da noção de mídia. Depois analisa a relação entre midiatização e digitalização. Finalmente, revisita a teoria dos meios tendo em vista colher alguns frutos desaparecidos na teoria midiatização contemporânea.

---

47 Henri Lefebvre foi um filósofo marxista e sociólogo francês. Estudou filosofia na Universidade de Paris, onde se graduou em 1920. Nasceu a 16 de junho de 1901, em Hagetmau, França, e faleceu a 29 de junho de 1991 em Navarrenx, França.
48 FINNEMANN, Niels Ole. "Digitization: new trajectories of mediatization?" In: LUNDBY, Knut et al. *Mediatization of Communication*. Coleção Handbooks of Communication Science, n. 21 (July 14, 2014). Berlin: De Gruyter Mouton, 2014, p. 297-322.

Mirca Madianou[49] discute a relação entre comunicação e migração com uma aproximação etnográfica. Nesse sentido, investiga as consequências cumulativas das novas tecnologias de comunicação para o fenômeno da migração. Observando um período de cinco anos de duração de etnografia comparativa e multilocalizada de comunicação em famílias filipinas transnacionais, demonstra que a recente convergência de novas tecnologias de comunicação tem consequências não apenas para os migrantes e suas famílias deixadas para trás, mas para o fenômeno da migração como um todo. Embora os novos meios de comunicação não possam resolver fundamentalmente os problemas sociais da separação da família, eles se tornaram parte integrante de como essas relações são vividas e geridas. Apesar das assimetrias transnacionais em matéria de infraestrutura e educação para os meios, a crescente disponibilidade de comunicação transnacional é utilizada como justificativa para decisões fundamentais relativas à migração ou ao estabelecimento no país anfitrião. Esse discurso, que em última análise normaliza decisões de migração, é também evidente a um nível institucional. Madianou realizou pesquisas com atores institucionais, bem como com as famílias migrantes, evidenciando que a comunicação transnacional através de novas mídias – entendida como um ambiente de *polymedia* – tornou a migração feminina mais socialmente aceitável e, em última análise, influenciando os padrões de migração. Ao reunir uma análise da comunicação interpessoal como mediação e mudança social como midiatização, a autora mostra que a mídia não apenas adiciona uma nova dimensão para o fenômeno da migração, mas transforma-o completamente. Descreve também a contribuição diferenciada dada à mediação por uma abordagem etnográfica.

A midiatização: política e poder

A relação entre poder, mídia e política, cujo entrelaçamento é um constante desafio para o trabalho de pesquisa em comunicação, mormente quando se inscreve no marco dos processos midiáticos, na pers-

---

49 MADIANOU, Mirca. "Polymedia communication and mediatized migration: an ethnographic approach." In: LUNDBY, Knut et al. *Mediatization of Communication*. Coleção Handbooks of Communication Science, n. 21 (July 14, 2014). Berlin: De Gruyter Mouton, 2014, p. 323-347.

pectiva de uma sociedade em midiatização, adquire um *status* de tema transversal. Tanto relacionados como individualmente, o poder e a política cruzam transversalmente as abordagens midiáticas. Os pesquisadores a seguir pensaram e os analisaram na visada do entrelaçamento.

Kent Asp[50] questiona o poder da mídia, apresentando a midiatização da política como um processo de mudança social midiainduzido que vai além da face visível desse poder. Três questões são centrais para a tentativa de repensar o problema em pauta: a natureza da midiatização, suas causas e seus efeitos. Seis elementos-chave compõem o núcleo de sua explicação da teoria midiatização: (1) a adaptação como um processo de aprendizagem social para um ambiente de mídia em mudança; (2) os meios de comunicação como limitações para os processos; (3) o surgimento de instituições de comunicação poderosas e independentes; (4) o aumento da dependência midiática como causa da midiatização; (5) as mudanças de poder como um efeito; e (6) a mudança social como consequência.

A era da televisão foi o pano de fundo para a explicação original, relevante e fundamental para o mundo de sistemas. Hoje, a conclusão é que os meios de comunicação se tornaram parte integrante das instituições políticas, após o que a midiatização da política deverá ter atingido uma fase final. Mas, enquanto o processo de midiatização pode ter atingido o pico no nível dos sistemas, a midiatização do mundo da vida apenas começou. Consequentemente, a teoria da midiatização – na era da internet – deve hoje ser um instrumento mais relevante para abordar e repensar a questão do poder da mídia.

A abordagem de Jesper Strömbäck e Frank Esser[51] centra-se no fenômeno da relação entre midiatização e política, na perspectiva da transformação das democracias e da remodelagem da política. Seu objetivo é fornecer uma visão geral, uma análise e uma síntese da teoria e da pesquisa sobre a midiatização da política, definida como um pro-

---

50 ASP, Kent. "Mediatization: rethinking the question of media power." In: LUNDBY, Knut et al. *Mediatization of Communication*. Coleção Handbooks of Communication Science, n. 21 (July 14, 2014). Berlin: De Gruyter Mouton, 2014, p. 349-374.
51 STRÖMBÄCK, Jesper; ESSER, Frank. "Mediatization of politics: transforming democracies and reshaping Politics." In: LUNDBY, Knut et al. *Mediatization of Communication*. Coleção Handbooks of Communication Science, n. 21 (July 14, 2014). Berlin: De Gruyter Mouton, 2014, p. 375-404.

cesso de longo prazo através do qual tem aumentado a importância dos meios de comunicação e suas repercussões sobre os processos políticos, as instituições, as organizações e os atores envolvidos. Quatro dimensões podem ser distinguidas nesse processo, relacionadas com 1) a importância dos meios de comunicação como fonte de informação sobre a política e a sociedade; 2) a autonomia das instituições de midiáticas exercida frente a outras instituições sociais e políticas; 3) o conteúdo da mídia é guiado pela lógica da mídia em oposição à lógica das instituições políticas (note-se que a segunda dimensão é pré-requisito para essa); 4) organizações e atores políticos respectivamente são guiados pela lógica da mídia em oposição à lógica da política.

Tanto a lógica da mídia e como a lógica da política são conceitos tridimensionais. Enquanto a primeira é enunciada como forma de profissionalismo, de mercantilismo e de tecnologia de mídia, a segunda é definida como moldada pelas estratégias, pelo Estado e pela política. Ganham protagonismo os conceitos de influência e dos efeitos da mídia no contexto da midiatização da política. Os autores terminam com a identificação de cinco desafios para posterior teoria e pesquisa sobre a midiatização da política. Essencialmente, o grau de midiatização é uma questão empírica. Um argumento-chave para desmembrar a midiatização da política em dimensões – além de contribuir para uma maior compreensão do processo do processo de midiatização – é facilitar a pesquisa empírica sobre em que medida a política se tornou midiatizada.

A midiatização das burocracias públicas é o foco de estudos de Kjersti Thorbjørnsrud, Tine Ustad Figenschou e Øyvind Ihlen[52], os quais desejam fornecer uma plataforma analítica para estudos de processos de midiatização nessas esferas. Primeiro, refletem sobre o modo como a midiatização deve ser operacionalizada para ser aplicável como uma teoria orientadora da pesquisa empírica sobre este tipo de instituição. Em segundo lugar, propõem as principais características dos processos potenciais de midiatização, indicando como as organizações públicas baseadas em regras se adaptam e adotam a lógica da mídia. A

---

52 THORBJØRNSRUD, Kjersti; FIGENSCHOU, Tine Ustad; IHLEN, Øyvind. "Mediatization of public bureaucracies." In: LUNDBY, Knut et al. *Mediatization of Communication*. Coleção Handbooks of Communication Science, n. 21 (July 14, 2014). Berlin: De Gruyter Mouton, 2014, p. 405-422.

importância (1) do ritmo das notícias e (2) dos formatos de notícias, mas também (3) como e por que estar na mídia é valorizado pelos funcionários públicos, e (4) como isso leva a uma redistribuição dos recursos e responsabilidades dentro da organização pública. Argumentam que a carreira burocrática tanto antecipa como adota uma lógica de notícias. Essa, em grande medida, assume a forma de uma implícita "lógica de adequação". Finalmente, são destacadas as consequências normativas deste tipo de midiatização.

Øyvind Ihlen e Josef Pallas[53] examinam a midiatização das corporações. Para eles, a instituição corporativa tem recebido pouca atenção entre os estudiosos que trabalham com a noção de midiatização. Discutem como a mídia é importante não só para a contestação sobre o papel das empresas na sociedade, mas também para a promoção de produtos e serviços e para influenciar as políticas públicas e conhecimento sobre negócios em geral. Argumentam que a midiatização da instituição corporativa pode ser observada olhando-se para a atenção dedicada à cobertura da mídia e os recursos que são investidos em relações públicas. A gestão, muitas vezes, é feita de acordo com a imprensa e o calendário dos meios de comunicação, influenciando as atividades corporativas.

As ferramentas de relações com a mídia são exemplos de midiatização, não sendo apenas adaptadas para a lógica da mídia: também são projetadas com a ambição de se tornar uma parte natural de todos os aspectos das atividades corporativas.

Bryna Bogoch e Anat Peleg[54], a partir do caso do direito em Israel, abordam um interessante detalhe que é o relacionado à lei na lógica da mídia. Aparentemente, as muitas barreiras institucionais e ideológicas que protegem a lei do escrutínio e da intervenção dos meios de comunicação, bem como as muitas diferenças entre a lógica legal e meios de comunicação, devem fornecer alguma imunidade à midiatização da esfera legal. No entanto, parece que, como outras instituições sociais, a lei também passou por um processo de midiatização. Aqui se examina o

---

53 IHLEN, Øyvind; PALLAS, Josef. "Mediatization of corporations." In: LUNDBY, Knut et al. *Mediatization of Communication*. Coleção Handbooks of Communication Science, n. 21 (July 14, 2014). Berlin: De Gruyter Mouton, 2014, p. 423-442.
54 BOGOCH, Bryna; PELEG, Anat. "Law in the age of media logic." In: LUNDBY, Knut et al. *Mediatization of Communication*. Coleção Handbooks of Communication Science, n. 21 (July 14, 2014). Berlin: De Gruyter Mouton, 2014, p. 443-463.

impacto do aumento da presença da mídia[55] e sobre o próprio processo legal tal como experimentado e articulado por profissionais da área jurídica e da mídia israelense. Combinando critérios de Strömbäck (2008) para os pré-requisitos básicos da midiatização e de Schulz (2004) com a descrição detalhada dos quatro elementos que identificam a adoção da lógica da mídia, demonstra-se como a midiatização do reino legal mudou a natureza dos procedimentos legais, da tomada legal de decisão e da cobertura de assuntos jurídicos. No sistema de direito comum de Israel, tanto os atores legais como a mídia têm ativamente adotado a lógica da mídia em todos os aspectos do processo legal, mas ao mesmo tempo procuram coibir a midiatização da esfera legal. O compromisso de ambos os atores legais e midiáticos, para preservar a legitimidade da esfera jurídica, parece inibir a maciça dependência dessa lógica.

Na reflexão sobre esse tema transversal, fica patente que a perspectiva adotada como midiatização circunscreve-se na concepção dos dispositivos midiáticos. A mídia é um instrumento que, ao mesmo tempo em que impõe o seu modo de agir e pensar, é utilizada a serviço das instituições, configurando uma visão instrumentalista.

Midiatização relacionada com a arte e a cultura popular

A relação da arte com a cultura popular constitui, igualmente, um tema transversal para o estudo da midiatização. É bem provável que tanto a arte como a dimensão do popular perpassem todo o estudo da mídia. O que é uma obra de arte? Qual é o seu estatuto na perspectiva das mídias digitais? São perguntas que desafiam a argúcia do pesquisador.

No âmbito dos processos midiáticos, a questão do popular ganha relevância. O modo de ser, de narrar e de pensar da cultura popular encontra guarida e questiona a midiatização e seus estudos[56].

---

55 O episódio "Lava-Jato", no Brasil, bem ilustra essa realidade. As lógicas da mídia e do direito legal se contaminam mutuamente. Os operadores jurídicos e juízes guiam-se pelos imperativos da opinião pública (observação minha).
56 Veja-se o estudo de Jesús Martín-Barbero no seu livro *Dos meios à midiatização*.

Jürgen Wilke[57] analisa a arte como a multiplicação da midiatização, tendo como mote a citação de Andy Warhol: "Eu acredito que a mídia é arte". A midiatização se refere à arte de múltiplas maneiras. Três áreas diferentes podem ser discernidas. (1) A produção de arte ou a mídia como assunto e material de arte. Embora obras de arte anteriores fizessem uso da imprensa escrita, só mais tarde as mídias como rádio, televisão, os novos meios de comunicação e a internet geraram formas específicas de arte. (2) A divulgação da arte, envolvendo certas instituições ou meios de comunicação, possibilita o acesso (público) à arte. O principal interesse da midiatização são as instituições (galerias, museus e festivais etc.) e em segundo lugar a mídia (imprensa, rádio, televisão, internet etc.). (3) A recepção da arte refere-se à sua percepção e ao seu processamento pelos espectadores individuais e o público. A digitalização transforma o espectador passivo num participante interativo. Enquanto midiatização geralmente significa que os sistemas sociais ou instituições adaptam-se ao modo de agir dos meios de comunicação, as obras de arte são frequentemente críticas em relação a ele e tentam miná-la, por exemplo.

Johan Fornas[58] discorre sobre a midiatização da cultura popular. Esta é, muitas vezes, entendida como ligada aos meios de comunicação e, portanto, também implica a ideia de midiatização. Temos quatro etapas principais. (1) Em primeiro lugar, os problemas-chave do conceito de midiatização são esclarecidos, pela cultura popular, como um campo de testes: se houver sempre um tal processo de midiatização acontecendo; quando este processo é particularmente intenso e como ele se desenvolve ao longo do tempo; onde pode ser localizado; como e se ele tem quaisquer efeitos; e o que ela afeta em termos de esferas sociais e níveis de prática. (2) Em segundo lugar, quatro dimensões principais do conceito de cultura são destacadas – o cultivo, as formas de vida, a estética e a prática significante –, todas consideradas relevantes para a midiatização. Como a mídia é composta pelas tecnologias culturais

---

57 WILKE, Jürgen. "Art: multiplied mediatization." In: LUNDBY, Knut et al. *Mediatization of Communication*. Coleção Handbooks of Communication Science, n. 21 (July 14, 2014). Berlin: De Gruyter Mouton, 2014, p. 465-482.

58 FORNÄS, Johan. "Mediatization of popular culture." In: LUNDBY, Knut et al. *Mediatization of Communication*. Coleção Handbooks of Communication Science, n. 21 (July 14, 2014). Berlin: De Gruyter Mouton, 2014, p. 483-503.

da comunicação, há uma ligação estreita entre midiatização e "cultura". (3) Em terceiro lugar, a cultura popular é igualmente dividida em quatro principais significados, definindo-a como cultura de massa, cultura das pessoas, a baixa cultura, ou a cultura ilegítima. (4) Nesta base, os exemplos ilustram como os processos de midiatização afetam a cultura popular através de quatro fases principais, cada uma ligada à nova demarcação da própria cultura popular: midiatização gráfica da cultura comum, midiatização impressa da baixa cultura, midiatização audiovisual da cultura da mídia e midiatização digital do que mais uma vez está se tornando uma cultura comum mais ou menos indistinta. A cultura popular frequentemente parece ser uma das esferas ou dos domínios das sociedades modernas mais saturadas pela mídia. Às vezes, é inclusive identificada com a cultura de mídia, por exemplo, quando contrastada com artes plásticas e artesanato popular, e definida pela sua dependência de textos sobre mídia disseminados pelas indústrias culturais para um público disperso e polimórfico em todo o globo. Essa proximidade entre a cultura popular e os processos midiáticos representa um desafio para qualquer esforço para controlar mais precisamente se há algum aumento crescente neste tipo de presença na mídia que mereça ser rotulado de midiatização.

A fim de trazer clareza a esta situação um pouco paradoxal, é útil estabelecer certas bases conceituais. Primeiro, é analisada a maneira como os conceitos de meios de comunicação e midiatização se relacionam com a cultura e a culturalização. Em seguida, uma discussão semelhante é realizada sobre a cultura popular, levando-se a um esforço para elaborar um esboço provisório das principais etapas da história da midiatização da cultura popular. Isso finalmente tornará possível voltar à definição inicial de midiatização e reconsiderar a sua verdadeira base. O autor faz referências a textos publicados sobre o assunto[59].

---

59 Muitos argumentos deste capítulo foram anteriormente explorados em Fornas (1995, 2012, 2014), Fornas & Kaun (2011), Fornas et al. (2007a, 2007b) e em *paper* inédito da Crossroads in Cultural Studies international conference in Paris 2-6 July 2012. O autor é grato pelas sugestões e feedback a Knut Lundby, ao Riksbankens Jubileumsfond's (The Bank of Sweden Tercentenary Foundation), Sector Committee for the Mediatization of Culture and Everyday Life, ao ECREA Temporary Working Group on Mediatization, e aos candidatos ao Ph.D. e aos colegas da Media and Communication Studies e no Critical and Cultural Theory Graduate School at Sodertorn University.

Philip Auslander[60] afirma que, embora midiatização seja uma condição permanente das sociedades modernas, as formas particulares que assume são historicamente contingentes. Os processos de midiatização derivam do funcionamento das formas de mídia culturalmente dominantes de uma determinada época. Mais de duas décadas atrás, sentíamo-nos confortáveis em postular o televisivo, definido em termos de conceito de fluxo de Raymond Williams, como sendo central para a cultura mediatizada. Este já não é o caso, pois ele claramente cedeu à influência digital em todas as suas formas. Na tentativa de compreender as implicações dessa transição para os artistas que navegam neste novo terreno cultural, o autor se concentra em dois artistas da música pop bem-sucedidos atualmente, Nicki Minaj e Lady Gaga. Considerando os artistas escolhidos como exemplos originais, os performáticos Spalding Gray e Laurie Anderson desenvolveram, cada um, uma única *persona*, em grande parte consistente, que provou ser adaptável a diferentes mídias e contextos culturais. Tanto Minaj como Gaga criam vários personagens que se transformam com velocidade espantosa. Gaga, em particular, leva esta estratégia tão longe que parece não ter imagem de marca de *persona* com desempenho estável ou em tudo. Sua constante mudança de aparência e imagem sugere a urgência e a frequência com a qual temos de ajustar nossas autoapresentações para as múltiplas plataformas que utilizamos continuamente.

A midiatização no âmbito desportivo

Kirsten Frandsen[61] tem como foco a midiatização do esporte, por muitos anos relacionado intimamente com os meios de comunicação. De modo especial, o relacionamento da televisão com esporte tem sido muitas vezes considerado um exemplo imprescindível de midiatização. O alvo principal é o papel da televisão, mas como a relação é

---

60 AUSLANDER, Philip. "Barbie in a meat dress: performance amediatization in the 21St century." In: LUNDBY, Knut et al. *Mediatization of Communication*. Coleção Handbooks of Communication Science, n. 21 (July 14, 2014). Berlin: De Gruyter Mouton, 2014, p. 505-523.
61 FRANDSEN, Kirsten. "Mediatization of sports." In: LUNDBY, Knut et al. *Mediatization of Communication*. Coleção Handbooks of Communication Science, n. 21 (July 14, 2014). Berlin: De Gruyter Mouton, 2014, p. 525-545.

historicamente enraizada, também toca brevemente o papel dos meios de comunicação digitais anteriores e presentes. O argumento é que a midiatização do desporto é uma questão de especificidade onde interdependência, globalização e comercialização desempenham um papel significativo, devido às características comunicativas de televisão e dos esportes. A relação não é apenas uma questão do desporto adaptado às necessidades da mídia. O esporte é uma forma de comunicação com significados culturais e sociais distintos e com poderosas lógicas inerentes que também precisam ser refletidas em uma análise de midiatização. Demonstra como a televisão tem contribuído para uma polarização do domínio do desporto em geral.

Em um breve esboço histórico, mostra como midiatização tem contribuído de muitas maneiras para a evolução dos esportes através das culturas. Mas, no contexto da Europa do Norte, também se desenvolveu através de duas fases expressas por mudanças em torno ao esporte e aos sistemas de mídia.

Midiatização: religião e ciência

Relacionarei a seguir religião e ciência dentro do processo de midiatização da sociedade. O tema, primeiramente, é abordado no marco da intersecção da mídia com a religião. A religião, com muita propriedade, é um dos grandes temas transversais para o estudo da midiatização. Em seguida o binômio midiatização e ciência é discutido, tendo como foco a publicitação da ciência. Por fim, ele é aprofundado no seu diálogo com a educação, tendo como pano de fundo a realidade australiana.

Mia Lövheim[62] traz para o debate a relação midiatização e religião. As últimas décadas viram um crescente reconhecimento da importância dos meios de comunicação para a vida religiosa contemporânea nos estudos da religião. Isso está ligado aos recentes debates sobre o valor da teoria da secularização para explicar mudanças na religiosidade individual e no papel público da religião na sociedade moderna, e a um

---

[62] LÖVHEIM, Mia. "Mediatization and religion." In: LUNDBY, Knut et al. *Mediatization of Communication*. Coleção Handbooks of Communication Science, n. 21 (July 14, 2014). Berlin: De Gruyter Mouton, 2014, p. 547-570.

interesse mais amplo em práticas religiosas populares e formas materiais. Dentro da crescente literatura sobre religião e mídia, desenvolveu-se um debate mais específico sobre a teoria da midiatização e religião. Este debate foi iniciado em 2008 pelo trabalho de Stig Hjarvard sobre a midiatização da religião[63]. Aqui se define o pano de fundo para o debate e se apresenta os argumentos e as diferentes abordagens nele expressas, bem como algumas aplicações empíricas da teoria. Ao destacar as distinções entre as categorias "religião" e "mídia" e da relação entre religião e processos de modernização, este debate traz igualmente à tona questões fundamentais nas áreas de mídia e religião. A autora termina com uma discussão sobre a forma como a teoria da midiatização da religião pode estar desenvolvendo a melhor explicação para os padrões e as complexidades das interações contemporâneas entre religião e mídia.

Mike S. Schäfer[64], falando sobre os meios de comunicação nos laboratórios e dos laboratórios na mídia, pergunta: o que sabemos sobre a midiatização da ciência? Meios de diversos tipos vêm desempenhando um papel na ciência, sendo utilizados para realizar, documentar e comunicar a pesquisa. O papel e o impacto destes meios – a partir de instrumentos de laboratório e utilização de comunicações de internet para a influência dos meios de comunicação sobre o trabalho científico – podem ser vistos como uma "midiatização" da ciência. Esta revisão apresenta uma visão geral da respectiva erudição sobre o assunto. Ela distingue três tipos de comunicação de mídia que podem ser encontrados dentro da ciência (comunicação com a mídia de massa, comunicação interpessoal, bem como a utilização de meios de comunicação como instrumentos científicos) e três facetas da midiatização (extensão das capacidades científicas, fusão ou substituição de atividades científicas estabelecidas por outras novas, e alojamento da ciência para a lógica de mídia). Isso mostra que um número considerável de estudos analisou a midiatização da ciência. Tais estudos deixam patente, por exemplo,

---

63 Muito embora a preocupação com a relação da mídia com a religião date de um período bem mais anterior. No Brasil, desde a década de 1980, os pesquisadores vinham realizando dissertações e teses tendo como horizonte essa relação. Ver supra, capítulos 1 e 2 (observação minha).
64 SCHÄFER, Mike S. "The media in the labs, and the labs in the media: what we know about the mediatization of Science." In: LUNDBY, Knut et al. *Mediatization of Communication*. Coleção Handbooks of Communication Science, n. 21 (July 14, 2014). Berlin: De Gruyter Mouton, 2014, p. 571-594.

que os cientistas estão abertos para a mídia de massa, que a mídia *on-line* tem ampliado temporal e espacialmente a colaboração científica, e que meios de comunicação desempenham um papel crucial dentro de laboratórios científicos. Por sua vez, a revisão também demonstra um grande número de lacunas na erudição atual e destaca campos relevantes e potencialmente férteis para futuras pesquisas.

Mesmo estando dentro de um tema maior (fé e conhecimento), a educação é outro conceito que perpassa todo o espectro da mídia. Nesse sentido, tendo como pano de fundo a realidade australiana, Shaun Rawolle e Bob Lingard[65] trabalham com uma explicação sociológica para a relação midiatização e educação. Eles apresentam um relato da midiatização da política de educação com um foco no desenvolvimento e na absorção do discurso da economia do conhecimento sobre política nacional de educação e ambientes de pesquisa. Durante o final do século XX e inícios do século XXI, a Austrália, assim como outros Estados-nação ao redor do mundo, adotou o discurso da economia do conhecimento como uma espécie de metapolítica que ajudaria a conectar uma variedade de indicadores estatísticos e fornecer orientação para inúmeros documentos de domínios de intervenção, incluindo educação, ciência e financiamento da investigação. Na Austrália, a adoção de um discurso de economia do conhecimento foi precedida de uma cobertura de secções especializadas da mídia impressa de qualidade, discutidas amplamente, tais como um debate sobre o contrato social que foi concedido aos campos encarregados de desenvolver e produzir as capacidades nacionais para a produção de conhecimento. Tal debate reproduz as reivindicações semelhantes realizadas por Michael Gibbons[66] no final de 1990, que defendeu um novo contrato social entre ciência e sociedade. Dada a cobertura da mídia em torno da captação do discurso da economia do conhecimento e para a promoção do conceito da OCDE, este texto apresenta um relato da emergência desse discurso através de um foco sobre a midiatização do conceito. O argumento amplo apresentado nesta descrição é que o que poderia ser chamado de "efeitos da

---

[65] RAWOLLE, Shaun; LINGARD, Bob. "Mediatization and education: a sociological account." In: LUNDBY, Knut et al. *Mediatization of Communication*. Coleção Handbooks of Communication Science, n. 21 (July 14, 2014). Berlin: De Gruyter Mouton, 2014, p. 595-614.
[66] Michael Gibbons é professor associado do Department of Government and International Affairs, University of South Florida.

midiatização", relacionados com a promoção e a adoção de conceitos de política, são variáveis e atingem o público em geral com padrões inconsistentes, limitados e esporádicos. A fim de compreender os efeitos da midiatização em matéria de política, o texto baseia-se em uma ampla estrutura conceitual bourdieuniana atualizada para entender os diferentes tipos de campos, as suas lógicas de prática e, importante aqui, efeitos de cross-campo. Especificamente, o foco é sobre os efeitos de cross-campo relacionados com o impacto das práticas dentro de ambos os campos nacionais e globais de jornalismo e em campos nacionais e globais da política de educação. Embora seja um caso australiano, a descrição explora formas gerais e de aplicação mais ampla para compreender as ligações entre a globalização e a midiatização da política.

Midiatização e a existência social

Outro tema que pode ser considerado transversal diz respeito à realidade do ser. A existência, na sua relação com a ambiência, fruto do processo de midiatização, transforma-se propondo um novo modo de ser no mundo. A discussão do ser (tematizada na disjunção de Shakespeare – *ser ou não ser*) ganha relevância no seio de uma sociedade em midiatização.

Charles M. Ess[67] aborda a individualidade, a agência moral e a boa vida em mundos midiatizados, desde as perspectivas da teoria dos meios e da filosofia. Assume a posição de Marshall McLuhan para quem, na era da eletricidade, usamos a humanidade como nossa pele[68]. O autor afirma que usa a ética da virtude para colocar a questão: qual é a boa vida em sociedades midiatizadas? Mostra que a boa vida na modernidade tardia implica o cultivo de noções fortemente particulares da individualidade como autonomias racionais e como inextrincavelmente entrelaçadas com políticas democráticas. A teoria dos meios salienta que tais "*eus*"

---

[67] ESS, Charles M. "Selfhood, moral agency, and the good life in mediatized worlds? Perspectives from medium theory and philosophy." In: LUNDBY, Knut et al. *Mediatization of Communication*. Coleção Handbooks of Communication Science, n. 21 (July 14, 2014). Berlin: De Gruyter Mouton, 2014, p. 617-639.
[68] Cf. McLuhan, M. *Understanding Media:* The Extensions of Man. Primeira tradução brasileira pela Editora Cultrix, 1967.

são promovidos pelas tecnologias de alfabetização impressas. Por outro lado, tanto a oralidade primária como a oralidade secundária dos meios elétricos correlacionam-se com *"eus"* mais relacionais e emocionais. Historicamente, no entanto, em estruturas sociais francamente hierárquicas, esses *"eus"* são mais dependentes da direção e da dominação por outros. O aumento da oralidade secundária ameaça, assim, minar os tipos de personalidade individual exigidos para as sociedades democráticas e suas normas fundamentais da privacidade individual, da igualdade em geral, da igualdade de gênero, da justiça e da equidade e, assim, ameaça as noções modernas da vida boa. Os estudos de internet fornecem resultados empíricos que confirmam a mudança no sentido dos *eus* mais relacionais e longe de normas centrais modernas. Por último, estes resultados, para sustentar uma vida boa numa era midiatizada, vão exigir a orientação de uma ética da virtude focada no cultivo de *eus* tanto individuais como relacionais através do uso informado e atento das tecnologias de alfabetização impressa e oralidade secundária.

Maren Hartmann[69] pergunta: a casa está onde está o coração? Nesse sentido, reflete sobre a segurança ontológica e a midiatização dos sem-teto. A reflexão começa a partir da suposição generalizada de que os quadros de midiatização e de domesticação se ajustam bem, mas também que a noção cotidiana deve ser ampliada para reforçar ainda mais esta combinação. Em vez de olhar para a noção bastante abstrata do cotidiano, no entanto, esta contribuição se concentra em questões de segurança ontológica, sendo a casa como um dos seus exemplos mais concretos. Ambos são conceitos-chave no quadro de domesticação original, bem como bons exemplos do que se faz diariamente. Os dois conceitos são explorados olhando os seus extremos opostos e sua inter-relação: ou seja, a insegurança ontológica e a falta de moradia. Abarcando as diferentes vertentes, o conceito de "doméstico" ("caseiro") combina o uso da mídia e da assunção da casa (em um sentido ontológico) e desenvolve estes conceitos como sensibilizadores para a investigação sobre a domesticação e a midiatização.

---

69 HARTMANN, Maren. "Home is where the heart is? Ontological security and the mediatization of Homelessness." In: LUNDBY, Knut et al. *Mediatization of Communication*. Coleção Handbooks of Communication Science, n. 21 (July 14, 2014). Berlin: De Gruyter Mouton, 2014, p. 641-660.

Andrew Hoskins[70], por seu turno, analisa a midiatização da memória, abordando-a como o processo pelo qual a vida cotidiana é cada vez mais incorporada e penetrada por conectividade: o processo de mudança está interligado individual, social, culturalmente e em dependência da mídia, para a manutenção, a sobrevivência e o crescimento.

O fluxo sociotécnico é tomado como o principal formador de recordação do século XXI, por meio da recolha medial e fragmentação dos imaginários individuais, sociais e culturais, cada vez mais ligados em rede pela mídia digital portátil e penetrante e de dispositivos de comunicação para que um novo "arquivo vivo" se torne condição organizacional e habitual da memória. Assim, as suas divisões e distinções biológicas, sociais e culturais parecem ser cada vez mais tênues, senão em colapso, sob o dinâmico ativo-chave da relação mídia-memorial emergente: hiperconectividade[71].

Apesar de que contrafluxos de uma mídia ainda persistam a desafiar o caráter fragmentário e difuso de memória na cultura pós-escassez, a abertura da memória midiatizada oferece um *boom* de memória alternativa: um passado inacabado e um futuro vitalizado.

O tema de Johanna Sumiala[72] é uma constante hoje: a midiatização da morte pública. A morte, em muitos aspectos, pode lançar luz sobre o tema da midiatização na sociedade contemporânea. A midiatização da morte é discutida pela primeira vez, por esse autor, examinando a ideia e a história de morte em público e através da mídia. Faz-se um exame detalhado das diferentes dinâmicas de midiatização (por exemplo, como é levada a cabo em contextos diferentes e em diferentes casos). A reflexão baseia-se em Winfried Schulz (2004), que apresenta a tipologia das quatro dimensões da midiatização – a mídia como ampliação, substituindo, amalgamando e acomodando a comunicação sobre a morte pública de acordo com sua própria lógica. Especial ênfase é colocada sobre a morte

---

70 HOSKINS, Andrew. "The mediatization of memory." In: LUNDBY, Knut et al. *Mediatization of Communication*. Coleção Handbooks of Communication Science, n. 21 (July 14, 2014). Berlin: De Gruyter Mouton, 2014, p. 661-680.
71 Ver a obra de KERKHOVE, Derrik de. *Inteligencias en Conexión:* hacia una sociedad de la web. Barcelona: Editorial Gedisa, 1999.
72 SUMIALA, Johanna. "Mediatization of public death." In: LUNDBY, Knut et al. *Mediatization of Communication*. Coleção Handbooks of Communication Science, n. 21 (July 14, 2014). Berlin: De Gruyter Mouton, 2014, p. 681-702.

violenta, trágica e inesperada considerada de alto valor simbólico. Exemplos empíricos são utilizados para ilustrar a reflexão teórica, com casos, incluindo a morte de John F. Kennedy, os assassinatos Utoya, e o massacre no cinema do Colorado[73]. A autora argumenta que a midiatização pode fazer uma diferença significativa para o resultado e mudar a percepção pública da morte na sociedade, moldando as categorias sociais e culturais e as hierarquias associadas à vida e à morte.

COMENTÁRIO

A caminhada da pesquisa possibilitou o encontro de alguns temas transversais que perpassam os estudos da midiatização hoje. São o que podemos chamar de *achados*. Importante sublinhar que eles não se confundem com os diversos objetos de pesquisa. São, antes, pano de fundo para os trabalhos. Não obstante, o garimpo deixou também *perdidos* que, organizados, dão matéria para aprofundar a pesquisa. Segundo Joël de Rosnay,

> os mecanismos de base epigenética, permitindo agir sobre a complexidade do nosso corpo, podem ser transpostos para a complexidade da sociedade na qual vivemos e trabalhamos. Com efeito, o DNA societal constitui-se de genes virtuais, os quais chamamos de memes, genes culturais transmitidos por mimetismo graças aos meios de comunicação, aos comportamentos coletivos e à utilização de utensílios numéricos interativos.[74]

Desse modo, levando em consideração a transposição do gene ao meme, da genética à mimética, a epigenética, como uma ciência subjacente à genética, é possível chamar de *epimimética*, uma ciência subjacente à mimética, cuja função seria estudar a transmissão dos memes na sociedade.[75]

---

[73] Paradigmática é a morte da Princesa Diana em acidente em Paris, ao ser perseguida por *paparazzi*.
[74] DE ROSNAY, Joël. *Je cherche à comprendre... Les codes cachés de la nature*. LLL Les Liens qui Libèrent, 2016, p. 20 (tradução livre minha).
[75] Cf. idem, ibidem.

Na provisoriedade da reflexão e correndo o risco de uma defasagem epistemológica, é possível aplicar os princípios da *epimimética* à consideração da midiatização.

Joël de Rosnay fala da instauração de um cérebro planetário. Há uma complexidade do sistema global que está mais além do individual. Diz ele: "A partir de um certo grau, a acumulação das mudanças quantitativas conduz a mudanças qualitativas fundamentais"[76].

Ele completa, dizendo: "Do microcomputador à sociedade reticular, o homem terá, assim, dado um passo decisivo em direção à interconexão de seu próprio cérebro com o cérebro planetário"[77].

Consequência disso: "Devemos, portanto, transformar nossos sistemas de educação e de aprendizagem para preparar o futuro, tendo em conta a metamorfose do trabalho humano e da aceleração exponencial de nossa evolução científica e técnica"[78].

Dentro da perspectiva de epimética societal, quais são os memes que caracterizam os processos midiáticos e conformam o DNA da midiatização?

O próximo capítulo tentará trabalhar mais amplamente com esses *perdidos*.

---

76 Cf. ROSNAY, Joël. *Le cerveau planetaire*. Paris: Olivier Orban, 1986, p. 18.
77 Cf. idem, p. 19-20.
78 DE ROSNAY, Joël. *Je cherche à comprendre... Les codes cachés de la nature*. LLL Les Liens qui Libèrent, 2016, p. 18 (tradução livre minha). No original: *Nous devons donc transformer nos systèmes d'éducation et d'apprentissage pour préparer l'avenir, en tenant compte de la métamorphose du travail human de l'accélération exponentielle de notre évolution scientifique et technique*.

6. Epigenética dos processos midiáticos (ou a porção submersa do *iceberg* da midiatização)

A partir da discussão, no capítulo anterior, dos temas transversais, houve a percepção de que algo mais que a simples constatação superficial de temas poderia sugerir. Um novo problema estava emergindo pela necessidade de se buscar esse algo mais profundo dos processos midiáticos. Isto é, o que muda e o que permanece no desenvolvimento dos processos midiáticos hoje na sociedade? Constatou-se a necessidade de se partir para uma busca conceitual para compreender o problema.

Apelamos, assim, para a epigenética, campo da biologia, em que fomos tentar encontrar uma epigenética dos processos midiáticos. Explicitando:

> A epigenética engloba as propriedades, um "código sob o código". (Isto é), um "metalogiciel" biológico que transforma profundamente o papel da genética clássica atuando no conjunto dos processos que resultam em mudanças na expressão genética sem alterar a sequência do DNA (ou código genético).[1]

Segundo Rosnay, um código é constituído por textos legais e regras que permitem a regulação das atividades e das funções, quer se trate dos humanos, das máquinas ou computadores[2]. Esses códigos exercem um papel importante no funcionamento da vida em sociedade, com os objetivos iguais de regulação e controle[3].

---

1 ROSNAY, Joël de. *La symphonie du vivant*. Paris: Les Liens qui Libèrent, 2018, p. 31.
2 ROSNAY, Joël de. *Je cherche à comprendre....* Les codes cachés de la nature. LLL Les Liens qui Libèrent, 2016, p. 11.
3 Cf. idem, ibidem.

Nessa perspectiva, surge um questionamento que baliza o trabalho: como o homem, criando novos códigos, questiona o sentido de sua vida para programar e controlar as ações humanas e a função das máquinas?[4] Continuando a sua reflexão, Rosnay esclarece uma série de etapas simples, onde elementos separados se associam, graças aos códigos de comunicação, para criar um novo estado de organização[5].

No entanto, sublinha não se tratar apenas de um pensamento distribuído, mas da constituição de uma espécie de rede neuronal numa escala planetária[6]. Esse cérebro, em fase de emergência, representa a etapa atual de evolução da humanidade.

Falando do DNA da internet, (ele) diz que "um importante trabalho de pesquisa deve ser levado a cabo para confirmar ou invalidar a modificação epigenética"[7] a partir do exterior, de um controle societário para contrabalançar o poder das redes sociais, principalmente a internet.

Faz referência ao Global Brain Institute, que possui, entre seus objetivos, *aprender com o estudo das semelhanças entre o cérebro humano e o cérebro planetário*[8].

Com base em seus estudos, afirma que *a teoria do meme é considerada hoje (...) como uma nova maneira de conceber o mundo, portadora de novos mecanismos de transmissão cultural*[9].

O meme é definido e concebido como o equivalente cultural do gene. Ele é *uma unidade de informação contida num cérebro e intercambiável no seio da sociedade*[10].

Ou seja, o "meme é um elemento cultural identificável (crenças, práticas sociais, palavras/linguagem, rituais, modos...) suscetíveis de serem transmitidos por mimetismo, (...) isto é, por imitação do comportamento ou expressão de um indivíduo"[11].

---

4 Cf. idem, ibidem.
5 Cf. idem, p. 12.
6 Cf. idem, ibidem.
7 Cf. idem, p. 96.
8 Idem, ibidem.
9 ROSNAY. *La Symphonie....*, p. 123.
10 Idem, ibidem.
11 Idem, ibidem.

Desse modo, "uma participação individual e coletiva tornada possível e operacional graças ao conceito de meme e à disciplina que estuda sua propagação e influência: a mimética"[12].

Para Mona Abboud[13], "a mimética empresta da genética seus conceitos e os utiliza como ferramentas para a explicação dos fenômenos culturais". Um meme possui diferentes e variadas definições. Seguindo Mona, elencamos algumas. De um lado, seria *uma "unidade de informação" estocada no cérebro (memória) de um indivíduo e capaz de se transmitir para o cérebro de um outro indivíduo.* Ou então, *uma "unidade de imitação" que se transmite de um indivíduo a outro indivíduo.* Ou ainda, *uma parte de um comportamento que se repete.* Também é vista *como uma informação materializada nas ferramentas ou artefatos* ou *um comportamento ou um hábito copiável por imitação*[14].

Pascal Jouxtel[15] afirma: "Você lê esse livro porque você ouviu falar dos memes, esses pequenos primos dos genes criados para explicar a evolução de nossa civilização, e da mimética, ciência que pretende estudar a natureza e o funcionamento".

Levando em consideração a transposição do gene ao meme, da genética à mimética, a epigenética como uma ciência subjacente à genética, é possível chamar de *epimimética*, uma ciência subjacente à mimética, cuja função seria estudar a transmissão dos memes na sociedade[16].

Vários pesquisadores (citados ao longo deste capítulo) têm refletido sobre a transmissão dos memes na sociedade. Cheguei a eles através de Joël de Rosnay. No campo da comunicação não encontrei nenhuma

---

12 Idem, p. 24.
13 ABBOUD, Mona. *La mémétique*. Beyrouth, Liban, 2007. Retirado da internet em 21 de maio de 2019. No original: *La mémétique emprunto à la génétique ses concepts et les utilise comme outils d'explication des phénomènes culturels* (tradução livre minha).
14 No original: *Une unité d'information stockée dans le cerveau (memoire) d'un individu e capable de se transmettre dans le cerveau d'individu à un autre individu. Une unité d'imitations que se transmettre d'un individu à un autre individu. Une partie d'un comportement que se répète. Une information matérialisé dans les outils ou artefacts. Un comportement ou un habitude copiable par imitation* (tradução livre minha).
15 JOUXTEL, Pascal. *Comment les systèmes pondent. Une introduction à la mémétique*, p. 14. file:///Users/bert/Divers/Mémétique/Web/meme/origines/livres/clsp/chapitre1.html.
No original: *Vous lisez ce livre parce que vous avez entendu parler des mèmes, ces petits cousins des gènes créés pour expliquer l'évolution de notre civilisation, et de la mémétique, science qui prétend en étudier la nature et le fonctionnement.*
16 Cf. Joël de Rosnay, *Je cherche à...* p. 20.

pesquisa sobre o assunto. Isso não significa que não existam. Por isso, considero estar propondo algo original.

Em vista disso, pretendo aplicar os princípios da *epimimética* à consideração da midiatização. Há um autor importante no campo da epistemologia, Rolando García[17], que trabalhou e publicou várias obras com Jean Piaget sobre epistemologia genética e será um dos autores que embasarão nossa análise.

Tal analogia não é infundada, visto que o pesquisador argentino Pablo Esteban Rodríguez também recorre à biologia para pensar a comunicação. Ele estuda o modo como a genética atual emprega noções provenientes das ciências e das práticas relativas à linguagem oral ou escrita para compreender a atividade das biomoléculas: código, expressão, silêncio, edição são alguns desses conceitos[18].

Assumindo que o DNA dos processos midiáticos é composto pelo trinômio LOCUTOR–DISCURSO–OUVINTE, é possível aplicar a teoria dos memes para explicar a evolução desses processos[19]. Considerando que a epigenética são *mudanças na expressão genética sem alterar a sequência do DNA*[20], aplicamos esse conceito aos processos midiáticos.

É importante buscar os memes virtuais que, agindo sob a mimética, vão qualificando a realidade da comunicação, mudando a expressão genética e estruturando a perspectiva da sociedade em midiatização, sem alterar a sequência do DNA. Os processos midiáticos possuem duas faces: uma perceptível a todos; outra submersa que os vai qualificando e determinando a sua ação na sociedade. Esta última, para ser percebida e estudada, exige uma reflexão maior. Nosso trabalho pretende buscar os genes virtuais (memes) dos processos midiáticos.

---

17 Nasceu em Azul (Argentina) em 1919, falecendo em 2012, com 93 anos, na Cidade do México.
18 Cf. RODRÍGUEZ, Pablo Esteban. "La semiosis 'social' de las biomoléculas." In: *La Trama de la Comunicación*, Volumen 23 Número 1, Anuario del Departamento de Ciencias de la Comunicación. Facultad de Ciencia Política y Relaciones Internacionales, Universidad Nacional de Rosario. Rosario, Argentina. UNR Editora, enero a junio de 2019, p. 67-87.
19 Cf. supra, nota 20.
20 Cf. supra, nota 11.

Trago aqui a posição de um autor profundamente trabalhado por mim: Pierre Teilhard de Chardin[21].

Este pensador francês, teólogo, biólogo e paleontólogo, afirma:

> Aqui, naturalmente, penso, em primeiro lugar, na extraordinária rede de comunicações radiofônicas e televisivas que nos ligam a todos, atualmente, numa espécie de coconsciência etérea, antecipando talvez uma sintonização direta dos cérebros mediante as forças ainda desconhecidas da telepatia.[22]

Associado aos meios de comunicação, traz à memória o que chama de insidiosa *ascensão* das máquinas de cálculo que, para Chardin, vieram aliviar o cérebro humano de um trabalho irritante e exaustivo e aumentar em nós o fator essencial da velocidade do pensamento, preparando uma revolução no campo da pesquisa[23].

Nesse caso, desaprova severamente os críticos dos meios de comunicação, ao afirmar:

> Todos estes progressos, e tanto outros mais, fazem sorrir a certa filosofia. Máquinas comerciais, ouve-se dizer, máquinas para gentes apressadas, para ganhar tempo e dinheiro. Cegos, e mais que cegos, dá vontade de dizer-lhes. Como não percebeis que estes instrumentos materiais, inelutavelmente ligados uns aos outros, em sua manifestação e em seu desenvolvimento, não são afinal senão as linhas de uma espécie particular de supercérebro, capaz de elevar-se até dominar algum supercampo no Universo e no pensamento?[24]

Muito embora não o cite explicitamente, há, nas posições de Rosnay, lampejos que se assemelham às ideias de Teilhard meio século atrás. Rosnay apresenta três olhares complementares para melhor

---

21 FAXINA, Elson; GOMES, Pedro Gilberto. *Midiatização. Um novo modo de ser e viver em sociedade*. São Paulo: Paulinas, 2016, p. 117-128; GOMES, Pedro Gilberto. *Dos meios à Midiatização. Um conceito em evolução*. Edição bilíngue português/inglês. São Leopoldo: Editora UNISINOS, 2017, p. 105-123.
22 CHARDIN, Pierre Teilhard de. *El porvenir del hombre*. Madrid: Taurus, 1962, p. 205.
23 Cf. idem, ibidem.
24 Idem, ibidem.

destacar a relação entre ciência, tecnologia, sociedade e impacto sobre o homem[25]: reticulação, coevolução e conexão. Para ele, são palavras-chave na reflexão sobre o assunto.

A primeira engloba o papel do microcomputador na formação de redes planetárias de comunicação interpessoal.

A segunda se relaciona com os efeitos de sinergia que conduzem às evoluções tecnológicas convergentes.

A terceira, por sua vez, sublinha a importância das interfaces entre as máquinas e entre as máquinas e as pessoas.

Parafraseando o autor, numa perspectiva sociocomunicacional, devemos inovar nos nossos sistemas de analisar e pesquisar os processos midiáticos numa sociedade em midiatização.

Nossa reflexão apoia-se e encontra seus fundamentos na discussão acima explicitada. A pesquisa em comunicação, por tratar dos meios particulares, individuais, esqueceu a ambiência de midiatização, constituída pelos processos midiáticos. São os processos que estabelecem e dão vida e sentido ao fenômeno da midiatização. No geral, transcendendo aos fenômenos particulares, o ser humano, como ser complexo e de relações, é capaz de compreender e dar consistência à midiatização como processo.

Não obstante isso, é importante ressaltar que se trata de uma reflexão preliminar que deverá ser comprovada.

Dentro da perspectiva de epimimética societal, perguntamos: como se dão os memes que caracterizam os processos midiáticos e conformam o DNA da midiatização? Essa questão se justifica porque o pesquisador é chamado a compreender e tematizar corretamente o processo midiático que ultrapassa a contingência dos meios particulares. Nessa perspectiva, é crucial que se debruce sobre eles para contemplá-los naquilo que está submerso. A realidade da midiatização é mais profunda do que aparenta. O que se pretende é dar um passo adiante, explorando as potencialidades do conceito de midiatização como chave de leitura para a compreensão da realidade.

Falando do setor da saúde, Rosnay sublinha que ele está vivendo uma verdadeira mudança de paradigma. É necessário compreender e

---

25 ROSNAY, Joël. *Le cerveau planetárie*, p. 18.

gerar novas práticas epimiméticas se desejamos uma transição pertinente e equitativa no respeito às pessoas e às liberdades individuais[26].

Para ele, os mecanismos de base epigenética que permitem agir sobre a complexidade de nosso corpo podem ser transpostos para a complexidade da sociedade na qual vivemos e trabalhamos. O DNA da sociedade é constituído por genes virtuais, chamados memes, genes culturais transmitidos por mimetismo, graças aos meios de comunicação, aos comportamentos coletivos e à utilização de instrumentos numéricos interativos[27]. Em síntese, dos genes aos memes, da genética à mimética, a epigenética, uma ciência sob a genética, pode-se chamar uma epimimética, uma ciência sob a mimética, a qual estuda a transmissão dos memes na sociedade[28].

Esse é um poder que as pessoas podem usar para transformar a sociedade. É mais importante regular, no sentido cibernético do termo, que regulamentar. Regular é o papel da epigenética com respeito ao nosso corpo e aquele da epimimética com respeito à sociedade.

Essa concepção de epigenética, na sua vertente societal como epimimética, ajuda a avançar a discussão sobre os temas transversais. Os trabalhos realizados pelos colegas da área constataram e abordaram os temais transversais como conceitos importantes para a compreensão da midiatização. O que se busca aqui é mergulhar nos subterrâneos dos temas para melhor entender como os memes modificam os processos midiáticos sem abalar a sua estrutura original, o seu DNA.

Considerando que o DNA dos processos midiáticos é aquele que caracteriza o processo de comunicação, isto é, um locutor, um discurso e um ouvinte, questiona-se através de quais mecanismo os memes, ao longo da história, vêm qualificando esse processo. À medida que a sociedade foi evoluindo, novos elementos foram sendo associados e explicitados A preocupação sempre esteve ligada ao papel do emissor da mensagem, que detinha o protagonismo no processo. Do funcionalismo norte-americano à Escola de Frankfurt. Jesús Martín-Barbero tentou quebrar a corrente, introduzindo o conceito de mediação[29]. Entretanto, mesmo nesse

---

26 ROSNAY, Joël. *La Symphonie du Vivant. Comment l'épigénétique va changer votre vie.* Paris: Les Liens qui Libèrent, 2018, p. 195.
27 Cf. idem, p. 200.
28 Idem, ibidem.
29 MARTÍN-BARBERO, Jesús. *De los médios a las mediaciones.* Barcelona: Gustavo Gil, 1987.

caso, o emissor possuía o protagonismo na emissão, embora não determinasse definitivamente a compreensão e a ação do receptor.

Nossa hipótese é que, hoje, um novo elemento está se impondo com o rápido desenvolvimento das redes sociais. A relação entre emissor, mensagem e receptor está se modificando com o fim da mediação[30]. Cada pessoa é protagonista do processo. Todos são emissores e receptores. Joël de Rosnay chama essa situação de *prosumer* (palavra inglesa formada a partir de *producer* e de *consumer* – produtor e consumidor)[31]. Estamos frente a uma nova ambiência que condiciona a sociedade e as pessoas, qualifica o DNA dos processos midiáticos. É o que chamamos de processo de midiatização. Alguns advogam o seu fim[32]. Não é o caso aqui.

O advento das redes sociais proporcionou a independência dos atores sociais frente ao domínio da lógica midiática. Assim, é lícito falar-se de fim da mediação, pois cada ator possui o domínio e controla a sua inter-relação com os demais estamentos da sociedade.

Como já desenvolvemos em vários lugares[33], não estamos mais diante do fenômeno do uso de dispositivos tecnológicos para a transmissão da mensagem, nem como mediadores da relação dos indivíduos com a realidade. Ao contrário, o que o desenvolvimento das mídias digitais está criando é uma nova ambiência que, por sua vez, dá lugar a um novo modo de ser no mundo. A consequência disso é que, em lugar de estarmos assistindo ao fim da midiatização, estamos apenas no limiar de seu pleno desenvolvimento. Que sociedade nascerá? Que modo de viver estabelecerá? Isso somente o tempo e sua evolução dirá. Não obstante, podemos levantar algumas pistas. Paradigmas que explicavam a realidade agora não dão mais conta da missão. Conceitos como os de participação, presença, interação são ressignificados por uma geração que já nasce dentro das redes sociais. Estão mudando os inter-relacionamentos. A sociedade não mais prescinde das redes sociais. Mudou o modo de ser no mundo.

---

30 Ver o meu livro *Dos meios à midiatização...*
31 ROSNAY, Joël. *Je cherche à comprendre...*, p. 95.
32 Por exemplo: SCHULZ, Winfried. *The end of mediatization*. The International Symposium "Political communication at a crossroads: An International Encyclopedia". Milano, 17 March 2017.
33 FAXINA; GOMES, 2016; GOMES, 2017.

Na perspectiva de uma nova ambiência, o tema ainda não foi suficientemente explorado, pois ultrapassa a mera reflexão sobre a mídia e seu papel na sociedade. A concepção de ambiência é consequência de uma mudança de época na história, quando vem a lume a pergunta[34] pela midiatização[35]. A dimensão dos processos midiáticos transcende os fatos individuais, os microfenômenos, e aponta para os aspectos coletivos, os macrofenômenos, a construção social coletiva a partir do processo de uma sociedade em estado de midiatização. A questão é: como abordar o processo midiático, hoje compreendido como midiatização e gerador de uma nova ambiência?

A sociedade em midiatização constitui, nessa perspectiva, o caldo cultural, repetimos, onde os diversos processos sociais acontecem. Ela é uma ambiência, um novo modo de ser no mundo, que caracteriza, hoje, a sociedade.

O que chamo de *códigos escondidos* não são abstrações, mas encontram-se epigeneticamente na ambiência onde funcionam os *fenômenos midiáticos*, cujas elaboração e dinamização dão-se sob as injunções dos processos midiáticos.

Logo, esses *escondidos* estão em articulação com a ambiência (seus processos e materialidades) da midiatização. Seriam uma espécie de *textos*, alojados num *com-texto* da semiosis.

Nossa proposta[36], portanto, é desvendar os *escondidos* e, fenomenologicamente, fazê-los emergir a partir do trabalho do analista[37]. Os procedimentos metodológicos necessários vão operar em dois níveis: em processos e em materialidades dos fenômenos midiáticos. Seria uma fenomenologia dos sinais de sua inteligibilidade. Seria um percurso que vai da materialidade às estruturas que engendram os *achados*. Portanto, os códigos *escondidos* estão envoltos na materialidade dos processos midiáticos a fim de que possam ser nomeados pela leitura, acionada

---

34 Veja a obra FERREIRA, Jairo; GOMES, Pedro Gilberto; FAUSTO NETO, Antônio; BRAGA, José Luis; ROSA, Ana Paula. *Between What We Say and What We Think: Where is Mediatization?* Santa Maria: FACOS, 2019 (e-book).
35 As reflexões a seguir foram hauridas do artigo "Como o processo de midiatização (um novo modo de ser no mundo) afeta as relações sociais?" In: BRAGA, José Luiz et al. *Dez perguntas para a produção de conhecimento em comunicação*. São Leopoldo: Ed. UNISINOS, 2013.
36 Digo proposta, pois ainda em processo de desenvolvimento como projeto de pesquisa.
37 Sobre a fenomenologia, ver a obra de FAXINA; GOMES, *Midiatização...*, p. 39-70.

pelo dispositivo da pesquisa. Considerando que no grande *iceberg* dos processos midiáticos, na perspectiva da mimética societal, os memes significam a parte submersa, faz sentido a questão sobre a influência que exercem na configuração da midiatização. Para observar essa ação, far-se-á uma incursão a textos acadêmicos que trabalham os processos midiáticos, analisando-os para além do fenômeno, numa reflexão que chamamos de *metamidiática*[38].

Na necessária escolha, buscam-se materiais de observação que estão situados empiricamente na esfera da ambiência da midiatização, de acordo com a dinâmica dos processos midiáticos.

Para desenvolver a pesquisa, pretendemos analisar textos da produção acadêmica sobre midiatização no Brasil, Argentina e mundo anglo-saxão, tais como a Dinamarca, a Alemanha, Inglaterra, Suécia e Noruega. Através de conceitos como *midiatização, mediação, circulação, ambiência, sistema, interação, influência e dispositivos* encontrados nos artigos examinados, decantar outros que aparecem subjacentes, esperando serem deslocados analiticamente para a esfera de inteligibilidade, configurando um recorte constituído pela própria produção teórica. Realizar um trabalho fenomenológico, trazê-los para uma região de existência e visibilidade.

Farão parte desse *corpus* textos sobre diversos fenômenos de midiatização. Igualmente, a partir de conceitos-chave, levantar os elementos submersos que servem de alicerce para os conceitos operadores da pesquisa. Aqui, particularmente, buscar junto às pesquisas sobre midiatização de funcionamento de práticas sociais (religião, política, educação, por exemplo) o funcionamento junto às mesmas de determinados conceitos que aparecem como alicerce para as operações de outros conceitos no interior da especificidade de cada uma das práticas. Seriam conceitos *escondidos* que configuram a condição para a produção/existência e o funcionamento de outros conceitos. Tais conceitos, a exemplo da epigenética, não são alcançáveis numa mirada superficial.

Se examinarmos o subconjunto constituído por textos publicitários que oferecem venda/consumo de produtos midiáticos, tais como computadores, smartphones, equipamentos eletrônicos, podemos en-

---

38 Numa analogia ao fenômeno da *metafísica* (*metá tá phsicá*) que busca refletir sobre o ser do ente. Isto é, aquilo que faz com que o ente seja.

contrar igualmente alguns *escondidos* importantes. Por trás do que lhes é predicado, que noções são associadas? Aparecem postulados de utilidades, como noções de vida digital, inteligência artificial, ambiência, corpo, linguagem etc., que escondem outros conceitos de fundo. Penso no que chamo de *novo modo de ser no mundo* ou *novo modo de ser e viver em sociedade*.

Michel Serres[39] (1930-2019) faz a passagem da vida digital para a filosofia e vice-versa a partir de conceitos. Ele faz das narrativas sobre o mundo digital uma problemática de fundo cujas inteligibilidades devem ser retiradas da zona do esconderijo. Contudo, as condições de as mesmas emergirem passa por um outro trabalho de narrativa: a do analista/pesquisador. Estaremos, portanto, frente a três narrativas: do pesquisador, da linguagem publicitária e a linguagem que subjaz na região do esconderijo. A questão do que trata a pesquisa, *epigenética*, perpassa todo o estudo que iremos desenvolver como seguimento do trabalho de pesquisa.

---

39 SERRES, Michel. *Polegarzinha. Uma nova forma de viver em harmonia, de pensar as instituições, de ser e de saber.* São Paulo: Bertrand Brasil, 2013.

7. O horizonte futuro da pesquisa

No final dessa caminhada, à guisa de ponto de chegada/partida, gostaria de voltar à discussão sobre o que alguns chamam de fim da midiatização. Como indicamos acima[1], em conferência proferida no Simpósio Internacional "Comunicação política em uma encruzilhada", Milão, 17 de março de 2017[2], Winfried Schulz discute a possibilidade do fim da midiatização, tendo em vista a emergência das redes sociais que perpassam toda a vida social.

Sua reflexão tem como ponto de partida a importância da mídia de massa na sociedade contemporânea. Ancora suas posições nos estudos de Gianpietro Mazzoleni sobre a relação entre a lógica da mídia e a lógica partidária, visualizada na pesquisa sobre a cobertura de campanha nas eleições gerais italianas de 1983[3]. O foco foi a mudança do relacionamento entre os partidos políticos e os meios de massa na Itália, identificando duas lógicas: a lógica da mídia e a lógica da política. O pano de fundo é a teoria da mídia de David Altheide, sociólogo norte-americano[4], que centra a sua teoria no conceito de formato da mídia. Todo e qualquer meio de comunicação, incluindo os modernos meios de massa, organizam suas mensagens utilizando formatos específicos, sendo que estes, antes de tudo, são um meio de controle social.

O auge dessa submissão da lógica da política pela lógica da mídia aconteceu com a consolidação e o desenvolvimento da televisão. Não

---

1 Cf. Supra, p. 57, nota 73.
2 SCHULZ, Winfried. *The end of mediatization*. The International Symposium "Political communication at crossroads: An Internatio nal Encyclopedia", Milano, 17 March 2017.
3 MAZZOLENI, Gianpietro. "Media logic and party logic in campaign coverage. The Italian election of 1983." *European Journal of Communication*, 2, 81-103. A pesquisa foi realizada por ele e seus colegas: Giorgio Grossi e Paolo Mancini.
4 ALTHEIDE, D. L.; SNOW, R. P. *Media logic*. Beverly Hills, CA: Sage, 1979.

obstante, grandes mudanças estão acontecendo no mundo da mídia. Nas duas últimas décadas, as tecnologias de mídia têm se desenvolvido muito.

A transformação assumiu velocidade e ganhou ampla difusão com a chamada Web 2.0, com a introdução dos smartphones, fáceis de lidar, com aplicativos e redes sociais, tais como Facebook, Twitter, YouTube, entre outros[5].

Essa realidade transformou sobremaneira o papel da mídia como intermediária que conecta indivíduos e instituições. Níveis, setores, centro e a periferia do sistema político estão cada vez mais enfraquecidos. Logo, todas essas alterações colocam em questão o conceito de midiatização. Os atores políticos foram emancipados frente ao modo de operação dos meios de comunicação de massa. Por que devem eles se adaptar à lógica da mídia e adaptar suas preocupações e suas mensagens às regras de produção jornalística? Agora, eles podem contornar a mídia e ir diretamente ao público, sem maiores mediações[6].

A pergunta é: estamos diante do fim da midiatização? Na conclusão, Schulz afirma que, se estamos prontos para abandonar o conceito de lógica da mídia como um conceito para organizar a mensagem na era da televisão, também estaremos para abandonar o conceito de midiatização. Para ele, "ao se examinar a transformação da comunicação política na era da internet, é mais importante analisar suas consequências que o modo de nomear o processo de mudança"[7].

Essas afirmações mantêm a sua pertinência no desenvolvimento das ações levadas a cabo para compreender o momento. Não obstante, identificamos que o que foi exposto como sendo a midiatização identifica-se com o conceito de mediação. Muito embora o pensamento de Schulz mostre-se pertinente, aponta não para o fim da midiatização, mas a relevância cada vez maior que assume hoje. Portanto, somos de parecer que estamos diante do fim da mediação e o início transformador da midiatização.

Como bem frisou Schulz acima, depois de um longo período de dominação da lógica da política pela da mídia, neste segundo decênio

---

5 Idem, p. 4.
6 Cf. idem, ibidem.
7 Idem, p. 8.

do segundo milênio ocorre uma notória inflexão. As redes sociais estão deslocando o polo do poder. A lógica da mídia se reinventa para não ser totalmente alijada do processo. Hoje, cada indivíduo ou grupo torna-se um produtor em potencial de suas notícias. A função original da mídia, apropriar-se de fatos da realidade e os apresentar a um público consumidor como notícia, está sendo superada pela instantaneidade e a rapidez das redes sociais. Em muitos casos, são elas que fazem opinião, mobilizam grupos e instituições. No caso, pode-se dizer que as mídias sociais trabalham, muitas vezes, com a versão dos fatos e não com eles mesmos. O importante é a versão que circula nas redes.

A partir disso, pode-se advogar o fim da mediação da mídia para a formação de sentido na sociedade atual.

Essa posição é mais fundante que a mediação, e é por isso que se pode advogar o fim da mediação da mídia para a formação de sentido na sociedade atual. Estamos na era da midiatização. Podemos dizer, entretanto, que a mediação não chegou ao seu fim, mas foi subsumida pela midiatização. Nos processos midiáticos não há aniquilamento dos passos anteriores, mas superação dialética no estabelecimento de novos sentidos.

A midiatização como síntese de um processo torna-se tese para o desenvolvimento posterior. A realidade é dinâmica. Na sua evolução, opera-se lentamente um dinamismo de superação que, alcançado, metamorfoseia-se numa nova síntese que traz à luz uma nova tese. Muitas vezes, tanto nas pesquisas como nos escritos, não se atina com essa realidade.

Nada é novo debaixo dos céus. Tudo é novo debaixo dos céus. Esse é o paradoxo da midiatização a que cheguei depois de vinte anos de pesquisa. Aquilo que parece novo é sempre o mesmo, manifestando um esqueleto que não muda. O que se apresenta como sempre o mesmo é algo totalmente novo na configuração social. É a dialética do DNA. Sempre o mesmo. Mutante na sua essência. Sendo o mesmo desde o nascimento, sou um totalmente outro no autoconhecimento e na manifestação adulta.

Esse dinamismo, às vezes, passa despercebido, pois o mundo está em fase de metamorfose lenta e ainda não desabrochou o que está sendo gestado. Por isso, o pesquisador dos processos midiáticos exerce várias funções, por vezes complementares, por vezes contraditórias. Frente ao passado, é intérprete e guardião. De cara ao presente, é hermeneuta dos processos que se vive. Quanto ao futuro, é profeta e construtor. Anuncia o que virá e constrói o que anuncia. Sendo profeta, extasia-se frente ao que virá; construtor, responsabiliza-se pelo resultado.

Os processos midiáticos são a parte visível da midiatização, a expressão do DNA da comunicação. No entanto, a soma de todos os processos fica aquém do todo. O desafio é trazer a lume a parte escondida do *iceberg* comunicacional que configura a realidade da midiatização. Há muito caminho que andar.

Referências

1. ALTHEIDE, D. L.; SNOW, R. P. *Media logic*. Beverly Hills, CA: Sage, 1979.
2. ASP, Kent. "Mediatization: rethinking the question of media power." In: LUNDBY, Knut et al. *Mediatization of Communication*. Coleção Handbooks of Communication Science, n. 21 (July 14, 2014). Berlin: De Gruyter Mouton, 2014, p. 349-374.
3. ASP, Kent. "Medialization, media logic and mediarchy". *Nordicon Review*, 11.
4. AUSLANDER, Philip. "Barbie in a meat dress: performance and mediatization in the 21st Century." In: LUNDBY, Knut et al. *Mediatization of Communication*. Coleção Handbooks of Communication Science, n. 21 (July 14, 2014). Berlin: De Gruyter Mouton, 2014, p. 505-524.
5. AVERBECK-LIETZ, Stefanie. "Understanding mediatization in 'first modernity': sociological classics and their perspectives on mediated and mediatized societies." In: LUNDBY, Knut et al. *Mediatization of Communication*. Coleção Handbooks of Communication Science, n. 21 (july 14, 2014). Berlin: De Gruyter Mouton, 2014, p. 109-130.
6. BAUMAN, Zygmunt. Ética Pós-*moderna*. 7. ed. São Paulo: Paulus, 2018.
7. BERTEN, André. *Dispositif, médiation, créativité:* Petite généalogie, p. 33.
8. BOGOCH, Bryna; PELEG, Anat. "Law in the age of media logic." In: LUNDBY, Knut et al. *Mediatization of Communication*. Coleção Handbooks of Communication Science, n. 21 (July 14, 2014). Berlin: De Gruyter Mouton, 2014, p. 443-463.
9. BOLIN, Göran. "Institution, technology, world: relationships between the media, culture, and society." In: LUNDBY, Knut et al. *Mediatization of Communication*. Coleção Handbooks of Communication Science, n. 21 (July 14, 2014). Berlin: De Gruyter Mouton, 2014, p. 175-198.
10. BRAGA, José Luiz; FERREIRA, Jairo; FAUSTO NETO, Antônio; GOMES, Pedro Gilberto. *Dez perguntas para a produção de conhecimento em comunicação*. São Leopoldo: Editora UNISINOS, 2013.
11. BRAGA, José Luiz. "O que a comunicação transforma?" In: BRAGA et al. *Dez perguntas...*, p. 156-171.
12. CETINA, Karen Knorr. "Scopic media and global coordination: mediatization of face-to-face encounters." In: LUNDBY, Knut et al. *Mediatization of Communication*. Coleção Handbooks of Communication Science, n. 21 (July 14, 2014). Berlin: De Gruyter Mouton, 2014. p. 39-62.

13. COULDRY, Nick. "Mediatization and the future of field theory." In: LUNDBY, Knut et al. *Mediatization of Communication*. Coleção Handbooks of Communication Science, n. 21 (July 14, 2014). Berlin: De Gruyter Mouton, 2014, p. 227-246.
14. DE CERTEAU, Michel. *Le lieu de L'Autre. Histoire religieuse et mystique*. Paris: Gallimard, 2005.
15. ESS, Charles M. "Selfhood, moral agency, and the good life in mediatized worlds? Perspectives from medium theory and philosophy." In: LUNDBY, Knut et al. *Mediatization of Communication*. Coleção Handbooks of Communication Science, n. 21 (July 14, 2014). Berlin: De Gruyter Mouton, 2014, p. 617-639.
16. FAUSTO NETO, Antônio. "Como as linguagens afetam e são afetadas na circulação?" In: BRAGA et al. *Dez perguntas...*, p. 43-64.
17. FAXINA, Elson; GOMES, Pedro Gilberto. *Midiatização. Um novo modo de ser e viver em sociedade*. São Paulo: Paulinas, 2016.
18. FERREIRA, Jairo. "Como a circulação direciona os dispositivos, indivíduos e instituições?" In: BRAGA et al. *Dez perguntas...*, p. 140-155.
19. FERREIRA, Jairo; GOMES, Pedro Gilberto; FAUSTO NETO, Antônio; BRAGA, José Luis; ROSA, Ana Paula. *Between What We Say and What We Think: Where is Mediatization?* Santa Maria: FACOS, 2019 (e-book).
20. FERREIRA, Jairo; SIGNATES FREITAS, Luiz Antônio; PIMENTA, Francisco José Paoliello (orgs.) *Estudos de Comunicação:* transversalidades epistemológicas. 1. ed. São Leopoldo: Editora UNISINOS, 2010b, v. 1, p. 101-113.
21. FINNEMANN, Niels Ole. "Digitization: new trajectories of mediatization?" In: LUNDBY, Knut et al. *Mediatization of Communication*. Coleção Handbooks of Communication Science, n. 21 (July 14, 2014). Berlin: De Gruyter Mouton, 2014, p. 297-322.
22. FORNÄS, Johan. "Mediatization of popular culture." In: LUNDBY, Knut et al. *Mediatization of Communication*. Coleção Handbooks of Communication Science, n. 21 (July 14, 2014). Berlin: De Gruyter Mouton, 2014, p. 483-503.
23. FRANDSEN, Kirsten. "Mediatization of sports." In: LUNDBY, Knut et al. *Mediatization of Communication*. Coleção Handbooks of Communication Science, n. 21 (July 14, 2014). Berlin: De Gruyter Mouton, 2014, p. 525-545.
24. GOMES, Pedro Gilberto. "Fenomenologia da Midiatização." In: FERREIRA, Jairo; SIGNATES FREITAS, Luiz Antônio; PIMENTA, Francisco José Paoliello (orgs.) *Estudos de Comunicação:* transversalidades epistemológicas. 1. ed. São Leopoldo: Editora UNISINOS, 2010b, v. 1.
25. GOMES, Pedro Gilberto. "O Projeto de Leitura Crítica da Comunicação da UCBC." In: KUNSCH, Margarida K. *Comunicação e Educação:* caminhos cruzados. São Paulo: Loyola, 1986.
26. GOMES, Pedro Gilberto. Como o processo de midiatização (um novo modo de ser no mundo) afeta as relações sociais?" In: BRAGA, José Luiz; FERREIRA, Jairo; FAUSTO NETO, Antônio; GOMES, Pedro Gilberto. *Dez perguntas para a produção de conhecimento em comunicação*. São Leopoldo: Editora UNISINOS, 2013, p. 127-139.

27. GOMES, Pedro Gilberto. *Da Igreja eletrônica à sociedade em midiatização*. São Paulo: Paulinas, 2010a.
28. GOMES, Pedro Gilberto. *Dos meios à midiatização. Um conceito em evolução*. São Leopoldo: Ed. UNISINOS, 2017. Este livro é uma edição bilíngue português/inglês.
29. GOMES, Pedro Gilberto. *Filosofia e ética da comunicação na midiatização da sociedade*. São Leopoldo: Editora UNISINOS, 2006.
30. HARTMANN, Maren. "Home is where the heart is? Ontological security and the mediatization of Homelessness." In: LUNDBY, Knut et al. *Mediatization of Communication*. Coleção Handbooks of Communication Science, n. 21 (July 14, 2014). Berlin: De Gruyter Mouton, 2014, p. 641660.
31. HEPP, Andreas; HASEBRINK, Uwe. "Human interaction and communicative figurations. The transformation of mediatized cultures and societies." In: LUNDBY, Knut et al. *Mediatization of Communication*. Coleção Handbooks of Communication Science, n. 21 (July 14, 2014). Berlin: De Gruyter Mouton, 2014, 249-272.
32. HERT, Philippe. "Internet comme dispositif heterotopique", in: *Hermès*, op. cit., p. 93.
33. HJARVARD, Stig. "Mediatization and cultural and social change: an institutional Perspective." In: LUNDBY, Knut et al. *Mediatization of Communication*. Coleção Handbooks of Communication Science, n. 21 (July 14, 2014). Berlin: De Gruyter Mouton, 2014, p. 199-226.
34. HJARVARD, Stig. *Midiatização da Cultura e da Sociedade*. São Leopoldo: Editora UNISINOS, 2014.
35. HOSKINS, Andrew. "The mediatization of memory." In: LUNDBY, Knut et al. *Mediatization of Communication*. Coleção Handbooks of Communication Science, n. 21 (July 14, 2014). Berlin: De Gruyter Mouton, 2014, p. 661-680.
36. IHLEN, Øyvind; PALLAS, Josef. "Mediatization of corporations." In: LUNDBY, Knut et al. *Mediatization of Communication*. Coleção Handbooks of Communication Science, n. 21 (July 14, 2014). Berlin: De Gruyter Mouton, 2014, p. 423-442.
37. JANSSON, André. "Indispensable things: on mediatization, materiality, and space." In: LUNDBY, Knut et al. *Mediatization of Communication*. Coleção Handbooks of Communication Science, n. 21 (July 14, 2014). Berlin: De Gruyter Mouton, 2014, 273-296.
38. KROTZ, Friedrich. "Mediatization as a mover in modernity: social and cultural change in the context of media change." In: LUNDBY, Knut et al. *Mediatization of Communication*. Coleção Handbooks of Communication Science, n. 21 (July 14, 2014). Berlin: De Gruyter Mouton, p. 146-161.
39. KUNELIUS, Risto. "Climate change challenges: an agenda for de-centered mediatization research." In: LUNDBY, Knut et al. *Mediatization of Communication*. Coleção Handbooks of Communication Science, n. 21 (July 14, 2014). Berlin: De Gruyter Mouton, 2014, p. 63-86.
40. LIVINGSTONE, Sonia; LUNT, Peter. "Mediatization: na emerging paradigma for media and communications research?" Critical afterthought. In: LUNDBY, Knut et

al. *Mediatization of Communication*. Coleção Handbooks of Communication Science, n. 21 (july 14, 2014). Berlin: De Gruyter Mouton, 2014, p. 703-724.
41. LÖVHEIM, Mia. "Mediatization and religion." In: LUNDBY, Knut et al. *Mediatization of Communication*. Coleção Handbooks of Communication Science, n. 21 (July 14, 2014). Berlin: De Gruyter Mouton, 2014, p. 547-570.
42. LUNDBY, Knut et al. *Mediatization of Communication*. Coleção Handbooks of Communication Science, n. 21 (july 14, 2014). Berlin: De Gruyter Mouton, 2014.
43. LUNDBY, Knut. "Mediatization and Communication." In: LUNDBY, Knut et al. *Mediatization of Communication*. Coleção Handbooks of Communication Science, n. 21 (july 14, 2014). Berlin: De Gruyter Mouton, 2014, p. 3-35,
44. LUNT, Peter, LIVINGSTONE, Sonia. Is "mediatization" the new paradigm for our field? A commentary on Deacon and Stanyer (2014, 2015) and Hepp, Hjarvard and Lundby (2015). Submetido e aprovado pela revista
45. MADIANOU, Mirca. "Polymedia communication and mediatized migration: an ethnographic approach." In: LUNDBY, Knut et al. *Mediatization of Communication*. Coleção Handbooks of Communication Science, n. 21 (July 14, 2014). Berlin: De Gruyter Mouton, 2014, p. 323-347.
46. MARQUES DE MELO, José. "Panorama Brasileiro da Pesquisa em Comunicação." In: *Comunicação: Direito à Informação*. Campinas: Papirus, 1986, p. 111-117.
47. MARTÍN-BARBERO, Jesús. *De los medios a las mediaciones*. Barcelona: Gustavo Gill, 1987.
48. MAZZOLENI, G.; SCHULZ, W. "Mediatization of politics. A challange for democracy?" *Political Comunication*, 16, 1999, p. 247-261.
49. MAZZOLENI, Gianpietro. "Media logic and party logic in campaign coverage. The Italian election of 1983." *European Journal of Communication*, 2, 81-103. A pesquisa foi realizada por ele e seus colegas: Giorgio Grossi e Paolo Mancini.
50. MCLUHAN, M. *Understanding Media:* The Extensions of Man. Primeira tradução brasileira pela Editora Cultrix, 1967.
51. MEUNIER, Jean-Pierre. "Dispositif et théories de la communication: deux concepts en rapport de codétermination", in: *Hermès*, op. cit., p. 83.
52. MÍDIA, CULTURA E SOCIEDADE. 2014, Vol. 36 (7) 102-104.
53. NEL, Noël. Des dispositifs aux agencements télévisuels (1969-1983), in: *Hermès*, op. cit., p. 131.
54. OROZCO-GOMEZ, Guillermo. "Hacia una dialéctica de le recepción televisiva." *Comunicação & Política na América Latina*, ano XIII, n. 23, 24, 25. São Paulo: CEBELA, 1993.
55. RAWOLLE, Shaun; LINGARD, Bob. "Mediatization and education: a sociological account." In: LUNDBY, Knut et al. *Mediatization of Communication*. Coleção Handbooks of Communication Science, n. 21 (July 14, 2014). Berlin: De Gruyter Mouton, 2014, p. 595-614.
56. REIS, Abel. "Problematizando o conceito de midiatização". In: *Semiótica*. Porto Alegre: FAMECOS/PUCRS, 2006.

57. ROSA, Ana Paula da. "Imagens-totens em permanência x tentativas midiáticas de rupturas". In: ARAUJO, Denize Correa; CONTRERA, Malena Segura (orgs.). *Teorias da imagem e do imaginário*. 1. ed. Brasília: Compós, 2014, v. 1, p. 3-368.
58. ROSNAY, Joël de. *Je cherche à comprendre... Les codes cachés de la nature*. LLL Les Liens qui Libèrent, 2016.
59. ROSNAY, Joël de. *Le cerveau planetaire*. Paris: Olivier Orban, 1986.
60. ROSNAY, Joël. *Symphonie du Vivant. Comment l'épigénétiqueva changer votre vie*. Paris: LLL Les Liens qui Libèrent, 2018.
61. SANTAELLA, Lucia. *Comunicação ubíqua:* repercussões na cultura e na educação. São Paulo: Paulus, 2013.
62. SCHÄFER, Mike S. "The media in the labs, and the labs in the media: what we know about the mediatization of Science." In: LUNDBY, Knut et al. *Mediatization of Communication*. Coleção Handbooks of Communication Science, n. 21 (July 14, 2014). Berlin: De Gruyter Mouton, 2014, p. 571-594.
63. SCHULZ, Winfried. *The end of mediatization*. The International Symposium "Political communication at a crossroads: An International Encyclopedia", Milano, 17 March 2017.
64. SERRES, Michel. *Polegarzinha. Uma nova forma de viver em harmonia, de pensar as instituições, de ser e de saber*. São Paulo: Bertrand Brasil, 2013
65. SIGNATES FREITAS, Luiz Antônio; PIMENTA, Francisco José Paoliello (orgs.) *Estudos de Comunicação:* transversalidades epistemológicas. 1. ed. São Leopoldo: Editora UNISINOS, 2010b, v. 1, p.
66. STRÖMBÄCK, Jesper; ESSER, Frank. "Mediatization of politics: transforming democracies and reshaping Politics." In: LUNDBY, Knut et al. *Mediatization of Communication*. Coleção Handbooks of Communication Science, n. 21 (July 14, 2014). Berlin: De Gruyter Mouton, 2014, p. 375-404.
67. SUMIALA, Johanna. "Mediatization of public death." In: LUNDBY, Knut et al. *Mediatization of Communication*. Coleção Handbooks of Communication Science, n. 21 (July 14, 2014). Berlin: De Gruyter Mouton, 2014, p. 681-702.
68. SUN, Wanning. "Meditization with Chinese characteristics: political legitimacy, public diplomacy and the new art of propaganda." In: LUNDBY, Knut et al. *Mediatization of Communication*. Coleção Handbooks of Communication Science, n. 21 (July 14, 2014). Berlin: De Gruyter Mouton, 2014, p. 87-108.
69. THORBJØRNSRUD, Kjersti; FIGENSCHOU, Tine Ustad; IHLEN, Øyvind "Mediatization of public bureaucracies." In: LUNDBY, Knut et al. *Mediatization of Communication*. Coleção Handbooks of Communication Science, n. 21 (July 14, 2014). Berlin: De Gruyter Mouton, 2014, p. 405-422.
70. VERÓN, Eliseo. "Mediatization theory: A semio-anthropological perspective." In: LUNDBY, Knut et al. *Mediatization of Communication*. Coleção Handbooks of Communication Science, n. 21 (july 14, 2014). Berlin: De Gruyter Mouton, 2014, p. 163-173.
71. VERÓN, Eliseo. *La semiosis social 2. Ideas, momentos, interpretantes*. Buenos Aires: Paidos, 2013, 447 p.

72. WILKE, Jürgen. "Art: multiplied mediatization." In: LUNDBY, Knut et al. *Mediatization of Communication*. Coleção Handbooks of Communication Science, n. 21 (July 14, 2014). Berlin: De Gruyter Mouton, 2014, p. 465-482.
73. WOLF, Mauro. *Teorias da comunicação*. Lisboa: Editorial Presença, 1987.
74. WOLF, Tom. "Introdução." In: MCLUHAN, Marshall. *McLuhan por McLuhan. Conferências e entrevistas*. Organizado por Stephanie McLuhan e David Staines. Rio de Janeiro: Ediouro, 2005, p. 7-24.

Índice

Abboud, Mona, 165
Aetatis Novae, 59
Agostinho, 73
Aldeia Global, 73
alfabetização, 86
Altheide, David L., 143, 175
ambiência, 14, 125, 127
âmbito desportivo, 153
América Latina, 19
análise transmidiática, 144
Anderson, Laurie, 153
Argentina, 99
arquimolécula, 80
arte, 150
Asp, Kent, 78, 147
Associação do Senhor Jesus, 36
Auslander, Philip, 153
Averbeck-Lietz, Stefanie, 139

bandwagon, 117
BBC, 32
Beltrán, Luis Ramiro, 56
Biernatzki, William E., 32
bios midiático, 71
bios politikós, *bios praktikós*, *bios theoretikós*, 97
bios virtual, 71
biosfera, 82
Bogoch, Bryna, 149
Bolin, Göran, 141
Bourdieu, Pierre, 144
Braga, José Luiz, 103, 104, 132
Brasil, 25
Brose, Reinaldo, 35
Bryson, Lyman, 88
cadinho cultural, 125
Campanha da Fraternidade, 58

campo religioso, 41
canal Século XXI, 36
Canclini, Néstor García, 31
Capuchinhos, 60
Carlon, Mario, 115
Carta aos Comunicadores, 58
Catecismo da Igreja Católica, 59
CCC, 54
CELAM, 57
cérebro planetário, 161
Cetina, Karin Knorr, 137
Chardin, Teilhard de, 79
Chaui, Marilena, 101
chave hermenêutica, 22
Christian Broadcasting Network, 35
ciência, 154
Cingolani, Gaston 113
circulação, 102, 105, 130
coconsciência, 82
código genético, 22
coevolução, 168
coextensiva, 80
comparacionista, 25
complexidade, 91
Comunhão e o Progresso, a, 55
comunicação social, 19
comunicação, 54
conceito de *ambiência*, 136
conceitos transversais, 127, 129
conceitos tridimensionais, 148
Concílio Vaticano II, 55
conexão, 168
Conferência do Episcopado Latino-americano de Santo Domingo, 59
Congregação para a Doutrina da Fé, 60
Congregação para a Educação Católica, 59
Continentes Midiáticos, 75

correlações, 123
Couldry, Nick, 142
cultura popular, 150

Deacon, David, 117-119
defasagem epistemológica, 161
Derrida, Jacques, 66
dialógico, 95
difusionista, 25
dispositivo, 133
dispositivos jornalísticos, 135
DNA da internet, 164
DNA da midiatização, 161, 168
DNA dos processos midiáticos, 166, 169
DNA societal, 15, 160
Documento de Puebla, 58

Eagleton, Terry, 101
Eco, Umberto, 49
emissão, 123
ênfase no conteúdo, 35
ênfase no processo, 35
ênfase no resultado, 35
epigenética, 22, 160, 163, 169
epimimética societal, 168
epimimética, 23, 160, 165
era da eletricidade, 84
Escola de Frankfurt, 19
Escola Europeia, 49
Escola Norte-americana, 49
escópica, 137
espaço e o tempo, o, 84
Ess, Charles M., 157
Esser, Frank, 147
etimologia, 77
etnografia comparativa, 146
Europa, 99
existência social, 157
extensões do homem, 84

Fausto Neto, Antônio, 26, 105-110, 131
fenômenos midiáticos, 112
Ferreira, Jairo, 110
Figenschou, Tine Ustad, 148
Finnemann, Niels Ole, 145
Fore, William, 34
Fornas, Johan, 151

França, 99
Frandsen, Kirsten, 153
Funcionalista, 47

Gaga, Lady, 153
Galáxia Midiática, 73
García, Rolando, 166
genes culturais, 160
genes virtuais, 160
geografia midiática, 75
Gibbons, Michael, 156
glo(tri)balização, 73
Goebbels, Joseph, 19
Goldmann, Lucien, 122
Gómez, Orozco, 100
Graham, Billy, 34
Gray, Spalding, 53
Gutenberg, Johannes, 29

Habermas, Jürgen, 140
Hadden, Jeffrey K., 34
Hartmann, Attilio Ignácio, 26
Hartmann, Maren, 158
Hasebrink, Uwe, 143
Hepp, Andreas, 101, 143
Hermès, revista, 117
hibridização, 87
hipercentrada, 80
hipercomplexa, 80
hiperconsciente, 80
Hjarvard, Stig, 118, 142, 155
hologramático, 95
Hoover, Stewart, 38
horizonte futuro, 75
Horkheimer, Max, 48
Hoskins, Andrew, 159
Humbard, Rex, 34
iceberg da midiatização, 163
iceberg midiático, 15, 23
Igreja Católica Romana, 19
Igreja Cristã Eletrônica, 32
Igreja Eletrônica, 38, 45
Igreja Internacional da Graça, 36
Igreja Midiatizada, 68
Igrejas Cristãs, 20
Igrejas Históricas, 31
Ihde, Don, 144

Ihlen, Øyvind, 148
imagens autorreferenciais, 135
imagens demanda, 134
imagens-totens, 134-135
inculturação, 38
individualismo fragmentado, 87
indústria cultural, 49
informação materializada, 165
inteligibilidade social, 172
inteligibilidade, 72
Inter Mirifica, 55
interação social, 143
interconexões, 123
inter-relações, 123
IoT, 20
I-tecnologia-mundo, (CIM), 144
IURD, 52, 62

Jansson, André, 144, 145
Jouxtel, Pascal, 165

Krotz, Friedrich, 119, 140
Kunelius, Risto, 37

Lefebvre, Henri, 145
Lingard, Bob, 156
Livingstone, Sonia, 118-120
lógica da mídia, 148
Lövheim, Mia, 154

Lundby, Knut, 118
Lunt, Peter, 118-120
Lutero, Martinho, 61

Macedo, bispo Edir, 36
Madianou, Mirca, 146
Manheim, Ernest, 140
mapa sistêmico, 124
Marcondes Filho, Ciro, 77
Martín-Barbero, Jesús, 20, 50, 169
Mata, Maria Cristina, 30
matrizes teóricas, 41, 45
Mayo, J. A., 32
Mazzoleni, Gianpietro, 78, 175
McLoughlin, William G., 33
McLuhan, Marshall, 73, 79, 84, 157
media, 77

Media, Culture and Society, 119
medium, 77
meio é a mensagem, o, 79, 85
meios eletrônicos, 123
Melo, José Marques de, 25
meme, 23, 164
memes, 160, 165
meta/capital, 143
metadiscurso, 43
metamidiática, 172
mídia escópica, 137
mídia, 47
midialização, 78
midiatização da memória, 159
midiatização e política, 147
midiatização e processos sociais, 96
midiatização e sociedade, 141
mimetismo, 160
Minaj, Nicki, 153
Miranda Prorsus, 54
Miranda, Davi, 36
modo de ser no mundo, 71, 83
Morin, Edgar, 91-93
Movimento Canção Nova, 36
mudança de época, 127
multivocidade, 100

Noosfera, 79, 81
nova forma de religiosidade, 39
novas religiosidades, 44
novo paradigma da complexidade, 95

Pallas, Josef, 149
Pasquali, Antonio, 56
Pastoral da Comunicação, 54
Paulinos, 60
Peleg, Anat, 149
película vivente, 81
pensamento sistêmico, 121
Peraya, Daniel, 117
perdidos, 27
Piaget, Jean, 166
pietismo, 39
Pio XI, 54
Pio XII, 54
planetização, 81
Platão, 27

Plotino, 73
plurívoco, 21
poder, mídia e política, 146
política e poder, 146
polo, 123
Pontifício Conselho para as Comunicações Sociais, 59
problema da angústia, 84
processo comunicacional, 121
processo de comunicação, 123
processo de mudança, 136
Processo interacional de referência, 132
processos midiáticos, 29, 96
processos socioculturais, 123
produção de sentido, 127
Programa de Pós-Graduação em Ciências da Comunicação da Universidade do Vale do Rio dos Sinos, 26
progresso de complexidade, 81
prosumer, 170

Rawolle, Shaun, 156
realidade digital, 80
recepção, 50, 123
receptor ativo, 127
receptor, 127
recursão organizacional, 95
Rede Globo de Televisão, 63
rede nervosa, 81
rede planetária, 80
Rede Record de Televisão, 36
Rede Vida de Televisão, 36
Redentoristas, 61
redes neurais, 129
Reith, John, 32
relação com a história, 139
relações diretas, 124
relações indiretas, 124
relações, 124
religião, 154
Renovação Carismática Católica, 36
reticulação, 168
Revivalism in America, 33
rizoma, 129
Roberts, Oral, 34
Rodríguez, Pablo Esteban, 166
Roof, Wade Clark, 39
Rosa, Ana Paula da, 134
Rosnay, Joël de, 160, 163
Rossi, padre Marcelo, 65

Santaella, Lucia, 98
Schäfer, Mike S., 155
Schneider, Sílvio, 62
Schulz, Winfried, 78, 140, 150, 159, 175
Semiótica, 50
ser no mundo, 125
Serres, Michel, 173
Sheen, Fulton J., 34
Sierra, Luiz, 65
Silva, Armando, 98
simulação tecnológica da consciência, 84
Snow, Robert, 143
Soares, R. R., 36
sociedade em midiatização, 124
sociedade em rede, 87
sociedade em vias de midiatização, 130
sociedade reticular, 161
Sodré, Muniz, 97
Stanyer, James, 117
Strömbäck, Jesper, 140, 147, 150
subjetivação da fé, 39
subprocessos, 140
Sumiala, Johanna, 159
Sun, Wanning, 138
Swann, Charles E., 34

televangelismo, 33
televangelistas, 29
Televisão Canção Nova, 36
tema transversal, 133, 139, 150
Temas transversais, 127, 129
Teoria Crítica, 19, 47
teoria do meme, 164
Thorbjørnsrud, Kjersti, 148
Tönnies, Ferdinand, 140
trabalho apostólico midiático, 37
transmidiáticas, 145
transmidiatização, 145
transmissão de informações, 53
Traversa, Oscar, 113-114
tribalizada, 84
TV Difusora, 36
TV Pato Branco, 36

unidade de imitação, 165
unidade de informação, 164
universal e virtual, 31
Universidade Nacional de Rosário, 112
Uno, 91-93

Valdettaro, Sandra, 113
Verón, Eliseo, 98, 111-114
Vigilanti Cura, 54
virtualidade digital, 125

visão sistêmica, 122
visão unificada, 73
Vizer, Eduardo, 115, 116

Warhol, Andy, 151
Weber, Max, 140
Welles, Orson, 19
Wilke, Jürgen, 151
Williams, Raymond, 153
Wolfe, Thomas, 79

Edições Loyola

impressão acabamento
Rua 1822 n° 341 – Ipiranga
04216-000 São Paulo, SP
T 55 11 3385 8500/8501, 2063 4275
www.loyola.com.br